宮大工と歩く
奈良の古寺

小川三夫

聞き書き・塩野米松

文春新書

762

宮大工と歩く奈良の古寺 ● 目次

はじめに

私が宮大工になったきっかけは高校の修学旅行で、法隆寺の五重塔を見たことでした。学校の成績も悪く、将来の展望もなく、寺のことも歴史にもまったく関心がないまま、コースに従って法隆寺の境内に入ったのです。

いつものように嫌々足を踏み入れ、五重塔を見ておりました。案内の人の「千三百年前に建てられたものです」という言葉が、ぼんやり見ていた私に衝撃を与えました。千三百年前にどうやってこれを建てたのだろう。どんな人が建てたのだろう。

その時は宮大工という言葉すら知りませんでした。私の家は大工でもなかったし、職人の家でもなく、父は銀行員でした。その私が突然に塔を造る人になりたいと思ったのです。千三百年というとてつもない時間が実感として感じられたのと、目の前に建っている五重塔が高校生の私には素晴らしいものに見えたのです。この時のことは今でも説明が出来ません。言葉にしたり、誰かにわかってもらおうと思えば、空虚なものになりそうなのです。

既にロケットが月に向かって飛ぶ時代に、私は千三百年前の工人の仕事に打たれ、法隆寺の建築に憧れを感じたのです。同級生達は、修学旅行のために準備をし、歴史も学び、法隆寺はどんな時代のどんな建物で、見どころはどこで、伽藍《がらん》配置はどうだ、薬師寺とどう違うのか、さまざまな知識を持っていたと思います。知識を持っていたがゆえに、大きな感動を得ることもなく、知識の確認をして通り過ぎていきました。

西岡常一《つねかず》師のところに弟子入りしても、古建築の本を読むことも寺巡りも必要ないと言われました。知識でものを見たら、見えるものも見えなくなる。感じ取るべきものを他人から借りた言葉で表現してしまう。心を素にして、自分が感じ取れるようになって初めて建物を見、知りたいことが出来たら先人に学べばいい。多分そう言いたかったのではないでしょうか。そういうことを言葉にする師ではなかったので、自分が弟子を取るようになって気づいたのです。

平城遷都千三百年を迎えて、奈良の寺、古建築のおもしろさを紹介する本を頼まれましたが、私は大工です、大工の言葉しか持っていません。学者や研究者の方々のように様式や変遷を言葉で上手に整理して、話すことは出来ません。しかし、初めて五重塔に出会ったときの感激は今も忘れられません。心を素直にして建物の前に立てば、受ける感動があると思います。そんなつもりで話しました。どの寺も、訪れるたびに学ぶところがあり、教えられ、驚かされることばかりです。お寺の歴史などは不勉強でわかりませんので、法隆寺の大野玄妙《げんみょう》管長様、薬師寺の山田法胤《ほういん》管主様にお話を聞きました。ありがとうございます。

拙《つたな》い話ですが、私の言葉が、心で感じられるお寺案内になってくれておればと思っています。

平城遷都千三百年記念の年　初夏

鵤《いかるが》工舎　小川三夫

AD　石崎健太郎
デザイン　野中深雪
作図　上楽藍
写真（法隆寺・薬師寺）　近藤俊哉

第一章 斑鳩の里

法隆寺
法輪寺
法起寺

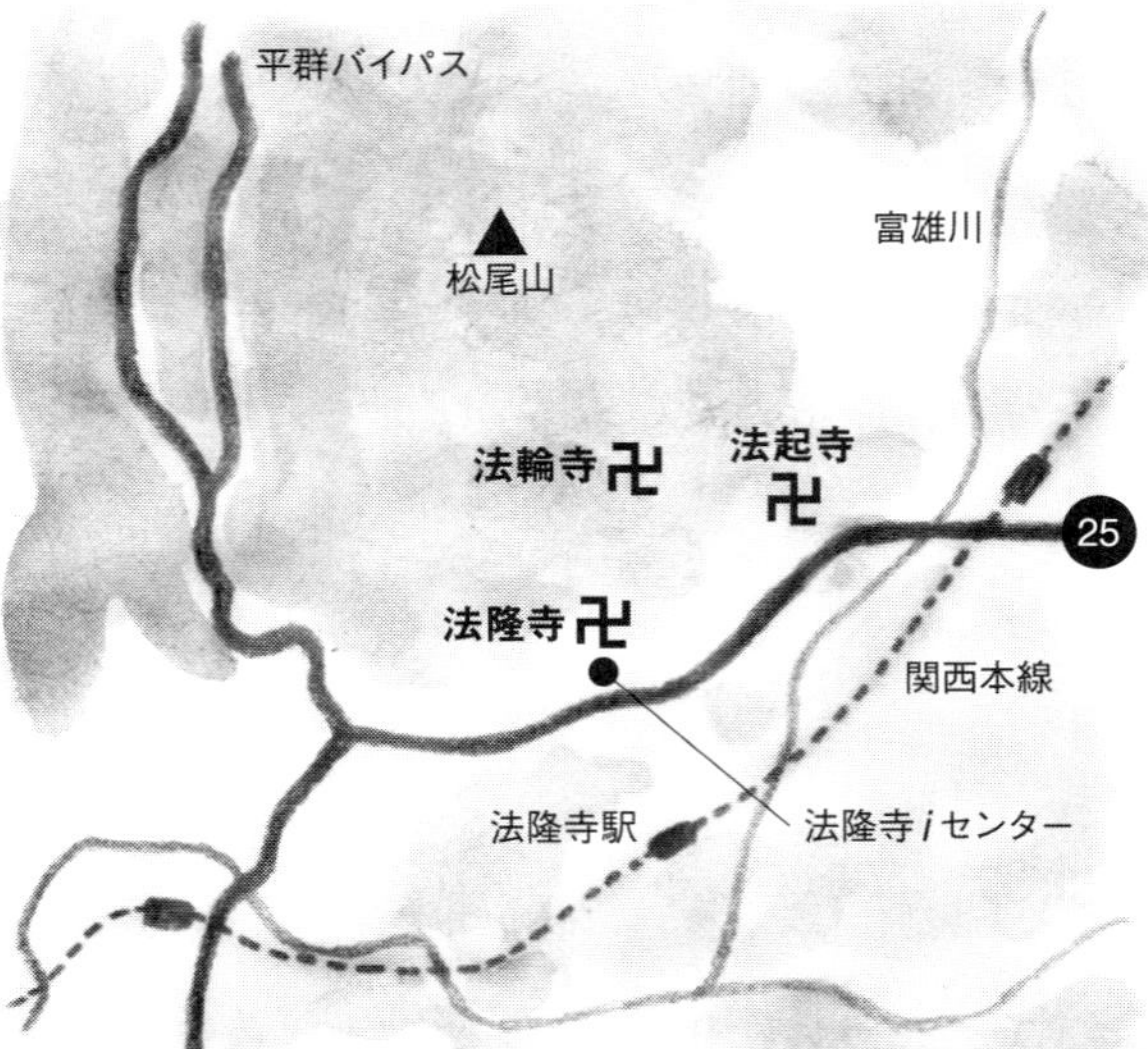

平群バイパス
富雄川
松尾山
法輪寺
法起寺
25
法隆寺
関西本線
法隆寺駅
法隆寺 i センター

1

法隆寺《ほうりゅうじ》

国宝・金堂、五重塔、南大門、中門、鐘楼、経蔵、大講堂、廻廊、西円堂、三経院、聖霊院、東室、綱封蔵、食堂、東大門、夢殿、伝法堂、東院鐘楼、ほか多数

国宝・重文の数は百九十件、二千三百余点にも及ぶ

飛鳥時代の姿を現在に伝える世界最古の木造建築であり、ユネスコの世界文化遺産に日本で初めて登録された。

創建の由来は、記録によると用明天皇が自らの病気の平癒を祈って寺と仏像を造ることを誓願したが、実現する前に崩御した。そこで推古天皇と聖徳太子がその遺志を継いで推古十五（六〇七）年に寺と本尊を造ったのが、鵤寺《いかるがでら》（法隆寺）だという。

その後、法隆寺は一度焼け落ちて後に再建されたとする説が出され、激しい論争となっ

た。再建説の根拠は日本書紀の天智天皇九年の条にある「法隆寺災す、一屋餘す無し」という記述。非再建説の根拠は、法隆寺の記録に再建の事実が記されていないことにあった。だが、寺の南端に柱の礎石らしきものが残っており、若草伽藍と呼ばれていたが、昭和十四年に発掘調査が行われた。その結果から、現在では再建説が有力となっている。

再建時期については、和銅四（七一一）年までには金堂《こんどう》・五重塔を中心とする西院伽藍が完成したと言われている。また夢殿を中心とする東院伽藍は天平十一（七三九）年頃に行信僧都が聖徳太子を偲んで建立した。その後も大講堂、鐘楼、南大門が焼失し再建されたが、奈良時代以前の堂塔伽藍をこれだけ完全な形で残す寺院は他にない。

何度か大規模な修理を受けており、鎌倉期、豊臣政権、徳川元禄期、そして昭和の解体大修理には著者・小川三夫の師匠である西岡常一棟梁が携わった。

交通・アクセス

生駒郡斑鳩町法隆寺山内一―一

ＪＲ法隆寺駅より徒歩二十分／バス「法隆寺門前」行き終点

近鉄奈良駅よりバス「ＪＲ王寺駅」行き・「法隆寺」行き、法隆寺前下車

法隆寺五重塔。屋根の数は六重に見えるが、一番下は裳階といい、
塔本体を風雨から守るために後から増設された部分である

法隆寺は私にとって教科書です。

この仕事に就くことを決心させたのは法隆寺の五重塔でした。意を決して高校卒業後に弟子入りをお願いしたのは、当時法隆寺の棟梁だった西岡常一でした。四年間待ち、法輪寺三重塔の再建が始まるというので、入門を許されて棟梁の家に住み込むことになりました。棟梁の家は法隆寺のすぐ側、西里《にしさと》にありました。毎日、法輪寺の現場まで法隆寺西院伽藍の前を通りました。棟梁は言葉でものを教える人ではなかったのですが、「法隆寺が教科書だ」と言ったことがありました。

太い柱、材を使って造り上げた法隆寺には、全ての建造物の基本である「構造の美」があります。初めてこうした大型の建物に挑んだ飛鳥の工人たちの魂がこもっています。長いこと寺社建築に関わってきましたが、思うことは、仕事は技術じゃない、魂だということです。それを思い起こさせてくれるのが法隆寺です。日本の寺社建築は、私はここから始まったと思っています。

法隆寺が何故、この地に建てられたのか、どういうお寺なのか、さまざまな疑問があります。そのことを初めに法隆寺の大野玄妙管長様にお聞きしました。

対談　大野玄妙（法隆寺管長）×小川三夫

大野　私が生まれたのは、昭和二十二年です。父が戦争に出征をし、終戦の後還俗《げんぞく》をし、大阪で暮らしていた時に生まれています。父は金堂の火災を機にお寺に帰ってきたため初めて、そこで家族を持つ坊さんができたのです。ですから私は三歳から法隆寺におります。

西岡棟梁の手がけた昭和の大修理のときの五重塔に、素屋根がかかってた記憶がありますよ。まだ子どもでしたが、西岡棟梁とはいろいろ話しました。昔のお正月は、大人はポチ袋を沢山懐に準備していて近所の子どもを見たら、どの子にもお年玉くれるんですよ（笑）。西岡棟梁は鬼のように恐い人だって言われてますが、そうではなかったです。

小川　今さら聞くのもなんですが、法隆寺はどういう理由で、この斑鳩の地に建てられたんでしょうか。

大野　聖徳太子様が「十七条憲法」の第一条の冒頭で述べられております「和を以て貴しとす」という言葉は、仏教の平等の理念に基づいた、みんなが安心して暮らせる平和社会を実現したいという思いだったと思うのですね。

第二条で「篤く三宝を敬え。三宝とは仏と法と僧となり」とあるのです。仏教が広まって、インドでアショーカ王が多くの仏塔を建てますと、修行者ですとか、仏教の信奉者が集まります。そうすると、そういう人たちの宿舎である僧房とか、集会場といったものも必要になります。そして仏塔の周辺にいろいろ付属の建物ができて、お寺のかたちになってきたのです。そういうものが地域の拠点となって、仏教が広まってきたという経緯があります。

ですから三宝興隆ということは、お寺を建てて世の中を栄えさせるということでもあります。聖徳太子様もそのようにお考えになって、法隆寺を建てられたのではないでしょうか。

仏塔は仏舎利塔ですから本来はお墓ということですけれども、舎利がなくても、お釈迦様そのものなのだと考えられています。お寺を建てることによって、仏教の慈悲社会を広げていこうとなさったのです。

この斑鳩の地に法隆寺、中宮寺（法興寺）法起寺、法輪寺も建てて、それだけではなく、南側の河合町、平群《へぐり》町、安堵《あんど》町、あるいは郡山、あのあたりにずーっと広げられていったわけです。斑鳩文化圏と申しましょうか、これは今で言えば、仏教による都市計画でしょう。

このような考え方で、飛鳥でもどんどん寺が建てられるようになりますし、藤原京（六九四〜七一〇年）も最初からお寺を建てるつもりで計画されていました。そういう流れがその後の

写真左・大野玄妙（おおのげんみょう）。昭和22年生まれ。龍谷大院卒。法隆寺執事長、法起寺住職等を経て、平成11年より法隆寺管長を務める

平城京（七一〇〜七八四年）にもつながっていったということでしょう。

　ですから古代の人たちは、平和社会実現のために都市計画として、お寺を建てたということは言えると思うのです。

小川　自分が思うには、法隆寺は世界最古の木造建築とか言いますが、これが千三百年も創建当時の姿を残しながらもってきたのは、大工の技術が立派だったからという人がいますけども、それでしたらもっと沢山の建造物が残っているはずなんです。だけど残っていません。ですから、技術だけじゃなく、法隆寺は平和をいちばんに重んじたから、荒らされなくてもったんでしょうな。技術だけなら、そのころ建ったものであれば、他のお寺もみな同じ程度はあったんです。そうしたお寺がなくなったのは、天災もあるし、いろんな原因があるだろうけども、大

工技術よりも上のなにか思想がなかったら、たいがい荒らされています。権力を持った寺は一時は栄えたでしょうが、みんな潰されたり、なくなってしまうもんです。ところが法隆寺はそれがない。平和を元にしたからだと思いますな。

四神相応の地

大野　それと、ここは立地条件もよかったのでしょう。当時の中央からちょっと離れていますからね。平安京の時代になると、平重衡によって奈良の寺は東大寺もみな焼かれましたね。そのときに距離的に離れていた斑鳩の法隆寺や西ノ京の薬師寺は助かっています。

小川　聖徳太子さんは何で斑鳩の地を選ばれたんでしょう。

大野　一説には龍田の神様のお導きだとも言いますが、斑鳩の地域ということをどの程度に限定するかですね。飛鳥の甘樫丘《あまかしのおか》に登って、こちらのほうをずっと見ますと、ばーっと雲のたなびく山があって、矢田山系から信貴山のほうがずーっと見えます。あそこからこちらを見た一帯がおそらく斑鳩というような感覚だったと思うのです。

小川　矢田山系を背景にしたこのあたり一帯ですね。

大野　寺社を建てるときに大事なことはまずは四神《ししん》相応の地を選べといいます。北に小高い山があって、東側に清流が流れ、南が開けていて、西には大きな道がある。ここはまさにそういう地です。道はここの場合ですと大阪の浪速《なにわ》に通じる龍田道でしょう。おそらくは大和川沿いにあったと思います。そうじゃないでしょうか？

小川　ちょうどそういう場所ですな。私の師匠の西岡常一棟梁はこう言いましたな。法隆寺は四神相応の地にぴたっと合っているから、守られていたと。奈良あたりはもう都だから、たくさんお寺があったでしょうが、北に山を背負うというような場所はないですな。

大野　それともう一つこの地を選ばれたのは、聖徳太子様は、大変熱心に外国の文化を学ぼうという気持ちをお持ちでしたですね。ですから当然のこととして、外国との行き来をするときに、便利な場所ということもあったと思うのです。

生駒山の向こう側、大阪の河内《かわち》のあたりは、その頃は入り江みたいになっていました。ですから船で大和川を上ってくると、斑鳩の前を通って、飛鳥へ行くことができました。ですから、ここは文化だけじゃなしに、おそらく経済的にも、窓口になる場所だったと思うのです。

小川　聖徳太子さんが仏教を中心にして国を治めたいというときにお考えになった寺というのは、どういうものだったと考えたらいいんでしょうか。

大野　やはり平和を発信する人々を養成し、そういう人たちを世に送り出していくということが課せられていた任務だっただろうと思うんですね。仏教の実践者を育てる場所でもありますし、広める場でもあり、同じことを考える人たちが集う場でもあったと思うんです。

法隆寺の伽藍

小川　お寺の伽藍はさまざまありますが、法隆寺のこのかたちというのはどういうような意味を持ってるんでしょう。

大野　いろんな伽藍配置をしたお寺がございますけれども、基本的に南大門から真っ直ぐ一直線に通って門がありますね。これを私達は仏門というんですね。そこは仏様の入る門であり、仏様の道なんです。で、東の門とか西の門が僧門といって、われわれが出入りする場所ということになるわけですね。ですから南大門からは本来は仏様の通り道で、行った先に仁王像が立ってる中門《ちゅうもん》があるんですね。

それで中門から内側はお浄土なんですよ。仏様の仏国土なんですよ。

小川　中門の仁王様は人々を見下ろして、守ってくれる役目なんですか。

大野　われわれを守ってくれているのではなくて、仏国土を守っているのです。

小川　余計なものは入れないということもあるんでしょうか。入ってはいけないとか。

大野　なぜ回廊があるのかということと関係していると思います。金堂の前、五重塔の前、夢

金堂の礼拝石の前に立つ大野管長と著者。この石は法要の際の前机で、僧侶たちでさえ堂内には入らなかった。伽藍内部はそれほど神聖な場所である

殿の前にも礼拝石というのがあります。これは法要するときの前机《まえづくえ》なのです。ですからお堂のなかへ人は入らないのです。たぶん入れる人は大工さんだけだと思います（笑）。私たちのような僧も入らなかったと思います。

小川　普通は回廊より内側に入ること自体がなかったんでしょうな。

大野　ないと思いますね。法要のときは回廊を使ったかもわかりませんが。でも普通は回廊から中へは入らないと思います。神社の聖域と一緒だっと思います。回廊が今は講堂に繋がっていますが、古い時代は講堂は回廊の外にありました。同じように回廊の外に僧房がありますね。僧侶たちの生活は、明るくなったら僧房から起きてきて、礼拝をして、講堂で勉強をして、暗くなったら僧房に帰って寝るという生活だったと思います。

小川　金堂があって塔があって、回廊がそこを包んでいる。そこが一つの聖域というか、浄土だというふうに考えると、講堂が外側にあるほうがわかる気がしますな。聖域のなかで勉強するんじゃなくて、勉強し終わった人が聖域のなかへ入れるという感じでしょうな。

大野　そうですね。入るのは行事のときだけだったでしょうね。

小川　それから塔ですけれど、法隆寺さん、薬師寺さんは回廊の中だけれども、東大寺さんになると回廊の外にいってしまう。それは、拝む対象が塔ではなくて、仏像を拝むようになるんですかね。

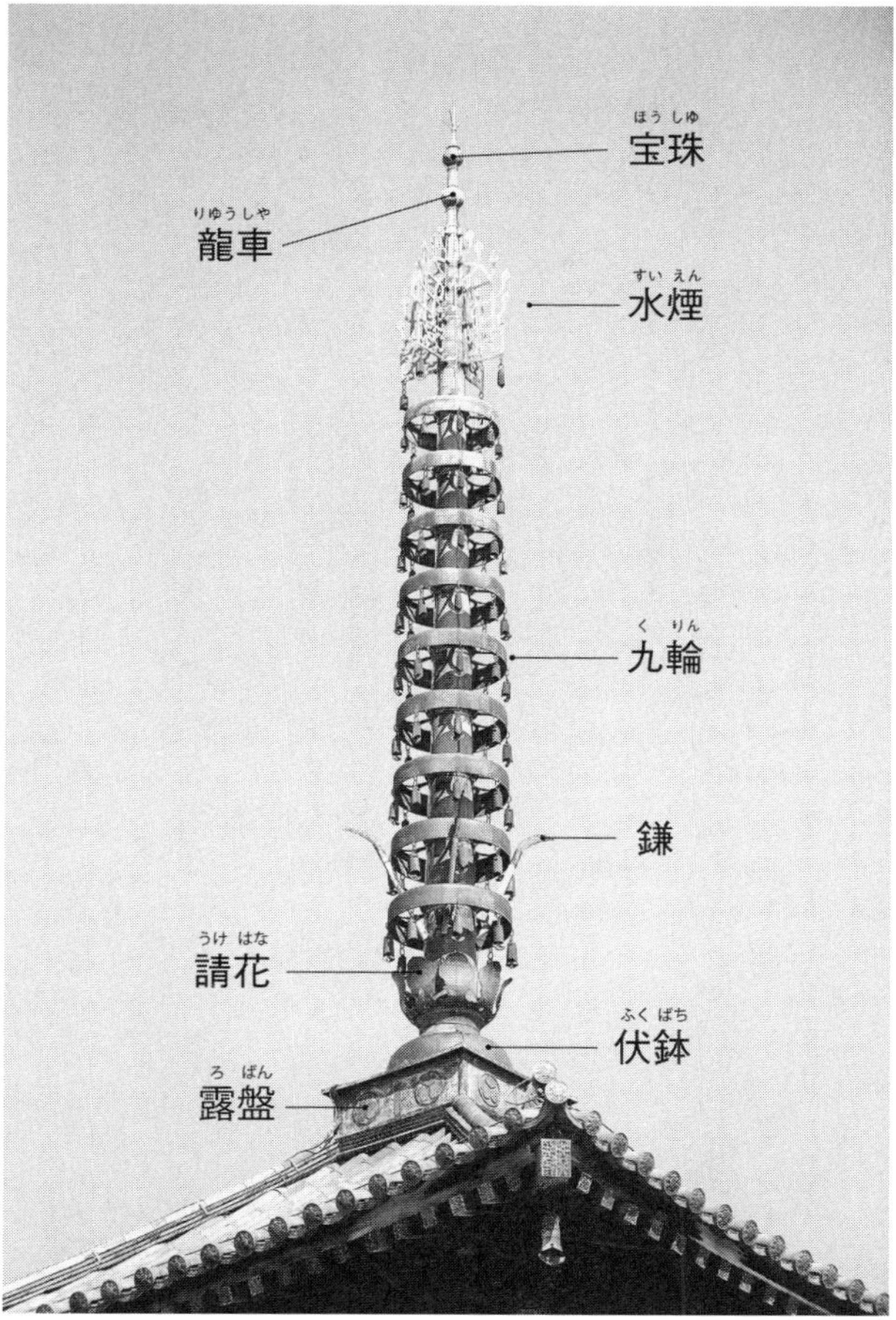

五重塔の相輪。塔はこの部分を拝むためにあり、屋根から下は本来的意味では付け足し。相輪の下部から四方に突き出る鎌は、法隆寺だけの特徴

大野　それは仏舎利信仰というものが、仏像で対応していくような形になったからでしょうね。法華経には「塔に舎利を安置しなくてもよい」と書いてあるのです。塔そのものがもう仏さんなのだと考えられています。

小川　塔を三重、五重、七重と高くするのは、回廊の中には入れませんから、外から拝める対象として高層の建物にするということだったんでしょうな。

大野　塔っていったいどこかといいますと、いちばん天辺の四角いもの、その上に伏鉢《ふくばち》があって、九輪《くりん》が載っていますね。あの上の部分が塔なのです。

小川　露盤《ろばん》と伏鉢と九輪と。

大野　仏塔はそれなのです。そこから下は別のものです。ただ遠くからも立派に見えるように、どんどん持ち上げているということでしょう。中国では何重の塔とは言わないのです。九級とか七級とか何級の塔と書いてあります。級には重という意味もあるのですけど、段ですね、階段。段に屋根をつけるとああいうかたちになるわけでしょう。

小川　確かに塔は、心柱《しんばしら》が腐らないように、建物という「側《がわ》」で守ってるだけです。ですから側の建材が心柱に刺さるというようなことは一切ない。時代の新しいものは心柱を利用して建てるようにしたものがありますが、法隆寺はそうはなってないんですな。心柱そのものが仏さん、それをただ側で守ってるというだけですな。

そうそう、法隆寺の五重塔は相輪のいちばん下に四方に向いて大きな鎌が出ていますね。あれはいつ頃からでしょうか。

大野　いやぁ、よくわからないんです。

小川　どういうことであの鎌があるんですかね。法隆寺にしかないでしょう。

大野　これは事実かどうかはわかりませんが、あの鎌はまあ一種の厄除けでしょうね。いままでも法隆寺には雷が落ちて、焦げて、みんなで消し止めたということもあるようです。三層目ぐらいとか聞くんですけどね。消すのも大変だったと思いますよ。

小川　命懸けでしょう。たしか室町ごろでしたかな。雷が落ちて、大工が消したと、それでその褒美に法隆寺四大工というのが出来たということです。厨子、金剛、多門と中村ですね。

伽藍で感じ取れるもの

小川　たくさんの人が拝観に見えると思いますが、管長さんとして見てほしいという場所があれば教えてください。

大野　まず南大門をくぐって入っていただいたときの印象ですね。せっかく来ていただいたわけですから、何か違う世界というものを感じていただきたいのです。仏様の知恵の光というものがいつでも人々に対して発揮されている、私たちはこれを和光同塵といいますが、そういう光を見つけてほしいのです。光を探し、光を求め、そのために巡礼をし、旅をするものですから、私たちはその光が少しでも見つかりやすいような場所を、提供することに努力をしなければいけないと思います。

ここの空気、雰囲気を感じて、違う自分の世界を見つけてほしいと思います。その中から仏様の、あるいは菩薩の光を感じ取る、そういう旅をしていただきたい。これを真の「観光」と私たちは言っています。

小川 自分もそれは思いますね。千三百年建物が建ち続けている。いろんな修理があって建っているんですけど、建ち続けている。そのエネルギーとか、木の強さとかいろんなものが、ここでしか味わえないものがある。中門を入ったら、ただ知識で見たり確認するんじゃなくて、中門の柱を抱いて、千三百年前の人の力とか、木の不思議さ、強さを感じ取ってほしいと思いますよね。

修学旅行生が来て見ますけれど、「この柱はエンタシスです。この仏さんはにこやかに笑ってるのが特徴です」とか、そんなのは先生が修学旅行にくる前に教えていることでしょう。それを確かめにきてるようなもんだ。そうなってしまうと、感じ取れないことが沢山あるんです。だからここへ来て、素直に見て、素直に触れてもらう。千三百年という長い長い時間は、こ

南大門の前から中門、五重塔を望む。南大門と中門の位置がずれていることがわかる。門内左右には様々な様式の堂宇が立ち並び、これらも必見だ

こしかないんですから。それを味わってほしい。そして創ったときのエネルギーを感じてもらえば、何か違う力が出るんじゃないかなと思うようなところですよね、ここは。

大野 そういうふうに意識の転換が行われますと、五重塔の前へ立っても金堂の前へ立っても、みな見方が変わってくると思います。

小川 高校生のとき、私は勉強が出来なかったし、法隆寺の歴史も習ったことはなかった。それが修学旅行で来て、五重塔を見ていたときに後ろで案内の人が、この塔は千三百年前に建ったものですよって言われたんです。その千三百年前というのが、自分たちは栃木ですから、そんな歴史は全然わからないんですが、すごいなと思った。それが宮大工になるきっかけだったんです。それほどの力があるんですな、ここには。

大野 そういう新たな感覚で、仏様を拝んだり、それぞれに受止め方があると思うのです。その人は何かを摑んで帰る。そうすると今度は摑んだものを自分で追究してみたいと思う、それが勉強ではないかと私は思います。法隆寺もそういう場所であって欲しいと思っています。

しかし、これだけの大きなお寺を千三百年、よくほんとうに維持してこられたなあと思いますね。いまでも維持していくのは大変です。将来的にはこのお寺を完全なかたちで、次の世代に引き継いでいくとなると、やはり相当難しい問題が起こってくると思います。いずれ修理というのは確実にありますから、修理できる大工さんをいっぱい小川さんに育てていっていただかないとだめですね。

小川　技術はこの建物が残っている限り、それを読み取ることができる人が現れます、絶対に。昭和の大修理に西岡棟梁はじめ現場の人たちが、飛鳥人の考えを読み取ったから、昭和にこの建物が復元できているわけでしょう。ですから大工仕事をする人間としては、この技術は甦ると思います。ものが残っていれば。しかし木材がなくなったらだめです。これから四百年ぐらい先に、大きな解体修理があると思いますよ、法隆寺は。そのときに修理用用材、いちばんは柱の根ですな。根が腐るから根継ぎ用の用材もつくらなくちゃならない、柱と同じ木を。それをないからっていって外材で根継ぎするような文化では、何が文化国家ですか。ですから木はいまからもう育てなくちゃならないし、そういうものはいまから調達しておくぐらいにしないと、ほんとの修理はできないと思いますよね。

（対談・了）

法隆寺iセンター

法隆寺に行く前に、門前にある斑鳩町のiセンターに寄ってみるといいですね。

ここの二階には西岡棟梁の道具が置いてあります。宮大工が使ってきた道具です。槍鉋《やりがんな》もあります。法隆寺の古い釘で刀鍛冶に頼んでつくったものです。台鉋《だいがんな》が出てくる前はこれで仕上げの削りをしたんです。槍鉋は面の仕上げに使うんですが、真っ平らにはならないですよ。さざ波がたった池の水面のような仕上げです。他にも中を抉《えぐ》ったり、さまざま使えるんです。

台鉋という現在使われている鉋が室町ぐらいに出現しますから、槍鉋はそれ以後は使われることがなく、途絶えていました。しかし、室町以前の建物を復元するときには、これを使わなくては削り肌が合わないんです。当時は真っ平らな板やつるつるの柱はなかったんですから。

法隆寺の解体修理や、薬師寺の復興、法輪寺三重塔再建というと、槍鉋がなければできません。幻と言われていたのを西岡棟梁が復活させたものです。

使い方は、昔は縦挽きの鋸《のこぎり》がなかったから、木をばーんと割って、斧《おの》ではつって、手斧《ちょうな》で粗く平らにして、それで普通は終わりなんだけども、もっと平らにしたい、きれいに見せるのには、槍鉋を使うわけです。

道具類はその時代の技術の裏付けです。

今のような便利な道具で古建築が建てられていたわけでないことも知っておかないと、建物の理解が浅くなりますな。私達宮大工は建物をみると、まずどうやって建てたのか、道具は何だったのかを考えますから。

南大門から入る

南大門は室町時代のものですな。

ここを入りますと中門までの間にたくさんの塔頭《たっちゅう》が並んでいます。よく見ますといろんな屋根があります。檜皮《ひわだ》で葺《ふ》いてあるのは上土門《あげつちもん》で、昔は土で葺いてあったんです。その土で葺くやりかたが、今ではわからんらしいです。このカーブは土のときのものかもしれませんね。ふわーっと葺いてありますな。

隣の大きな屋根は大和葺き。これも難しいんです。檜皮を置いて、竹で押さえています。縦は孟宗竹《もうそうちく》で、横は真竹《まだけ》かな、丸のまま使うんですね。檜皮というのはヒノキの皮を剥いだ物。屋根のなかでは瓦や銅板なんかよりも檜皮葺きがいちばん高いですな。こうした屋根のことは折々話しますが、素材によってさまざまに形が違うということも知っておいてほしいですね。

この中門の前の西から東の門に抜けている道は、西岡棟梁の所に弟子入りして最初の現場だった法輪寺に通っていたときに毎日通りましたが、あの頃（昭和四十四年四月入門）は砂利でした。今は石畳になってますな。

西岡棟梁の家は西の大門の外側、西里といって、法隆寺で働く職人たちの住んでいたところでした。法隆寺を守る人たちの集落があったんです。今はそういう人もいなくなってしまいました。

伽藍の中に入ってみましょう。

中門は天皇や勅使などが使うもので、普通の人もお坊さんたちも使わないものです。

みな南を向いた伽藍配置

さっき話した伽藍配置の件です。

中門を背にして立ってみてください。

右手に金堂。左手に五重塔。正面に大講堂。

みんな中門側、南に面して建っています。金堂の前と、五重塔の前に礼拝石があります。あそこが礼拝の儀式用の台にあたるのだそうです。そこが正面ということでしょう。奥の大講堂

伽藍配置の変遷

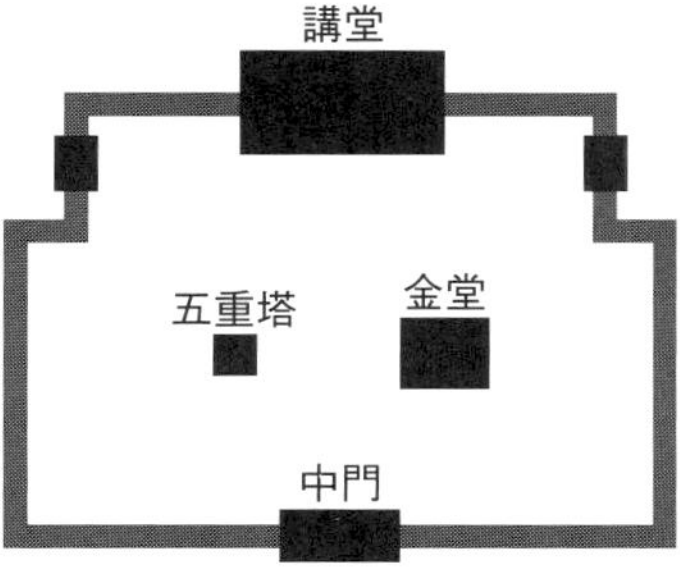

法隆寺・現在

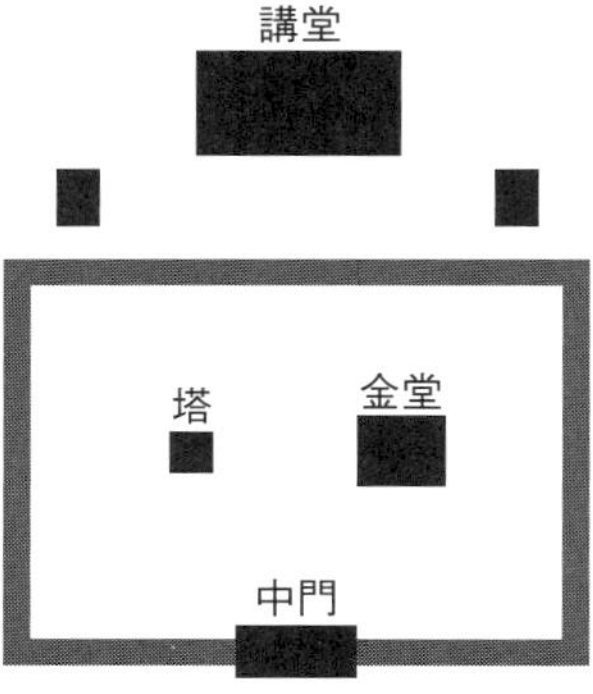

法隆寺・創建当時

も南を向いています。そして四神相応の地らしく、後ろに山を背負ってますでしょ。

この中門から両側に回廊が延びて、直角に曲がって、金堂、五重塔を囲んで大講堂に続いています。回廊の北の角に、経蔵《きょうぞう》と、鐘楼があります。

これが法隆寺西院の伽藍配置（前頁の図）です。

この配置はそれぞれ、時代や寺の考え方によって変わるんですな。

法隆寺は一回焼けて、新たに建て替えられたと言いますが、以前の若草伽藍と呼ばれているものは、中門、五重塔、金堂、大講堂と縦に並んでいたそうです。ここに移すときに、裏の山を削って土地を整理したんだそうですが、元のように並べられないという事情もあったという話もあります。

塔の役割もさまざまに変わり、この後の時代に出来る薬師寺は塔が二つ並んで金堂の前に来ますし、東大寺は高さ百メートルという七重塔二つが回廊の外に出てしまいます。

今の法隆寺は、実にいいバランスで配置されていると思いますよ。

幅は広いが二重の金堂。幅は狭いが安定して点に建つ五重塔。高すぎず、低すぎず、威張ってはいないが存在感があって、威厳がありますな。

五重塔の高さは今の尺にしておおよそ百尺。三十一・五メートルほどで、金堂はその半分の高さです。うまく計算してあります。

法隆寺西院の伽藍は「人面伽藍」ともいわれます。中門が口、目が金堂と五重塔。頭が講堂。真上から見たら顔の形の伽藍なんです。

基壇

五重塔にしても金堂にしても千三百年以上も建っているんです。

そう言えば、みなさんは「そうなんだ！」と年代の古さに感心するでしょうが、私たち大工はその時代にこういう建物をどうやって建てたのか、自分ならどうしたか、と考えます。

私は堂や塔を建てるときは、まず出来上がった姿を頭に浮かべます。そして一枚ずつ瓦を剥がし、野地板《のじいた》を取り、垂木《たるき》を寄せてと、建物を分解していくんです。そうしてやっていくと、どんな部材がどんな寸法でどれぐらい必要か、計算できます。

部材の形は考えられるが、組み合わせが想像出来ない物は不採用です。そうやって、最後に土台まで想像が及べば、その建物は完成できると考えます。

建てるときは、その順序を逆にやっていけばいいんです。

もちろん難問が出てきますが、それは考え、工夫し、完成させていくんです。

そうした難問が新しいことを生み出したり、実際にやってみることで解決したりします。

昔は設計士やデザイナーという仕事はなかったんです。考えた者が建てたんです。建てられないものは考えなかった。ですが、今は違います。デザイナーは道具を握ったことがない人が多いし、材の重さを知らない。強さや癖があるとは知っているかもしれませんが、大方は数値の上だけでしょう。ですから、結構無理な図面を描かれます。昔はそういうことはなかったでしょうな。

まあ、それはそれとして、塔や堂は地盤造りが基本です。地盤がしっかりしていなくてはあれだけの建物が千三百年も持ちません。

法隆寺の場合は、まずその地盤造りから始まりました。

そのために表土を取り去り、「地山《じやま》」といいますが、硬くしっかりした地盤まで掘り起こします。そこを基盤にして、塔や堂を造る基壇《きだん》を築くのです。

一寸見た目には石積みの上に塔や堂が建っているように見えますが、下は石ではなく、版築《はんちく》という方法で造った壇なんです。

これは地山まで剝き出しにして、そこに地山と同じ粘土質の土を敷いて、その上に薄く砂を敷き、軽い棒でトントンと突きます。それを何度も何度も繰り返してしっかりした土台をつくるんです。

この時は力任せに突くんじゃなく、女の人たちぐらいの軽い突き方でゆっくり叩き締めていくんです。その軽い槌《つち》でゆっくり築くほどしっかりした基壇が出来上がります。途中で心柱の礎石や四天柱《してんばしら》の礎石、側柱《がわばしら》の礎石を設置していきます。石だって大きくて動かすのが難しいから、基壇の斜面を利用して引き上げたんでしょうな。法隆寺の場合、五重塔の心柱の礎石、「心礎《しんそ》」というんですが、それは基壇から二・六メートルほど下に据えられています。

五重塔

法隆寺の建物は基本的には全てヒノキです。ヒノキは日本特産の木で、この木があったから古代の建造物ができたといえます。

ヒノキは楔《くさび》を打てば真っ直ぐに割れて、強く、粘りがあり、木の肌が美しい針葉樹です。朝鮮半島や中国から建造物の技術が伝わってきましたが、日本には早くからヒノキを使った木の文化というのがありました。それがあったから新しい技術が入ってきたときに、それらの方法を応用して建物を建てました。それが千年以上持っている。これはヒノキの使い方や、生かし方をよく知っていたからです。

ヒノキは伐り倒してから二百年ぐらいは強さが増し、それから段々弱まっていくという不思議な強さを持った木です。ほんのりと赤みがあり、脂も多く、香りもいい木です。建物の修理で、千年前の古材を削りますと、艶を保った木肌が現れ、年代に耐えたいい香りがします。木が材になってもその性質を残して、生きてるんです。

西岡常一棟梁は「千年の寿命の木を使うなら千年は持つ建物を造るのが自分たちの務めだ」と言いました。これはヒノキだからの話で、他の木では無理です。木の癖をいかし、生えていた方位のままに使うなど、千三百年前の工人達はヒノキの使い方を熟知していたんです。

五重塔の話に戻ります。五重塔は屋根の数を数えたら六段あります。六重です。しかし一番下は裳階《もこし》といって五重には数えません。裳階を除いた本来の塔の造りを「本建《ほんだ》ち」といいます。裳階は創建当時はなかったと思います。

大講堂に五重塔の模型がありますが、そこには裳階がない状態が見られます。すっきりしたいい形です。

それなのに、なぜ裳階を付けたかといいますと、本建ちを風雨から守る塀のようなものだと思えばいいでしょう。

隣の金堂にも裳階がありますな。五重塔よりも先に金堂が建てられました。金堂は初めは裳階がなかったんですが、後で造り足しました。堂の壁に描かれた大事な壁画を守るために必要になったのと、後で話しますが、深く出ている軒の隅を支えるのに支柱が必要になって、造られたと考えられています。

金堂に裳階が付いたので、五重塔にも付けたのです。

五重塔の軒先には出入りがあります。

法輪寺の三重塔の再建で現場に通うとき、西岡棟梁が「法隆寺の五重塔は安定していて動きがあるだろう」と言いました。

塔の安定というのは、使っている柱などの木が太いこともあります。それと逓減率《ていげん》といって、塔が上に上がるに従って小さくしてあるために安定して見えます。

しかし、「動きがあるだろう」という意味はすぐにはわかりませんでした。

何カ月か過ぎたときに西岡棟梁が「松の枝を見てみい」と言いました。松の枝は一の枝が張って、二の枝は入る。そして三の枝が出ているだろう。それが動きやと。

法隆寺の五重塔もそうなっていると言うんです。言われてみれば、法隆寺の五重塔の下に立って、隅木《すみぎ》の端を真下から見上げると、それがようわかるんです。

軒の出が初重は大きく出て、二重目がぽっと入る。また三重が出る。四重目はあんまり凹《へこ》んでないんですが五重目が見える。

天気のいい日には五重塔の影が地面に映ります。これを見ると塔の軒の出入りがようわかります。一度塔の影というのをご覧になってみるといいですよ。塔には安定感と同時に、動きがあると、美しさが増します。

物差しはさまざま

物差しの長さというのはずっと同じだと思っている人が多いんですが、物差しの尺度というのは時代によって違うんです。

奈良時代でも後先で違います。

朝鮮から来た技術者、唐から来た技術者、それぞれ自分の国の最先端の建造物の造り方を教えようと思ってやってきました。その時、自分たちの国で、その時に使っている物差しを持ってきたんです。

法隆寺に使われている物差しを高麗尺《こまじゃく》と言います。

今の一尺はメートル法に換算して三十・三センチですが、高麗尺の一尺は三十五・一五センチぐらいです。

それが薬師寺では一尺が二十九・六センチぐらい。これを「天平尺」といいます。

高麗尺ということは、名前通り朝鮮半島から渡ってきた物差しです。

天平尺っていう呼び方は、天平時代に使われていた尺だからです。

柱間

柱と柱の間を「柱間《はしらま》」といいます。これは柱の数ではなく、柱と柱に挟まれた壁の数です。呼び方は「一間《ひとま》」「二間《ふたま》」。

民家で数える「一間《いっけん》」ではありません。普通の民家でいえば、これが基準で家造りが進みます。柱の間は六尺、約百八十センチで、柱の数を数えたら家の大きさがだいたいわかります。百八十×百八十センチで一坪、畳二枚。一間四方といういいかたをします。

ところが古建築では柱の間は、同じ建物でも同じ間隔とはいえません。だいたいは正面の柱の間は広く、隅に行くに従って狭くなっています。塔でいえば、このほかに上に行くに従って柱間が狭くなっています。表記は高麗尺で正面柱間十尺、脇間《わきま》六尺という表現です。

建築では、正面の幅を「桁行《けたゆ》き」、奥行きを「梁行《はりゆ》き」といいます。そして大きさを表すときに、「桁行き柱間三、梁行き二」という言い方をします。正面に柱が四本あり、その間の柱間が三間《みま》。奥行きも同じという意味です。建物を説明するパンフレットにはよく出てきますから知っておくといいですね。

古建築を見るときには、現代の民家と比較することも大事ですが、古代の大工の目で見ることも必要です。そうすることで、昔の工人の考えが見え、声が聞こえてくるんやないですか。ただの美術品としてじゃなく、建物として建ち続けることを願った工人がいたんです。

法隆寺五重塔は、初重から四重までは柱間が三間の正方形で、五重だけは柱間が二間になっています。よくご覧になってください。

初重から四重までは、同じ柱間の数ですが柱と柱の間が段々幅が狭くなってますね。そういう工夫をして安定感やリズムをつくっているんです。

安定感をもたらす逓減率

塔などの建物で、上に行くに従って幅が狭くなっていくことを逓減《ていげん》といいます。難しい字ですが低減の意味です。

塔などの姿を表すときに、逓減率という言葉を使います。初重に比べて最上層がどれぐらい小さくなっているかを表す数値です。五重が初重の半分ならば、逓減率は〇・五。この数値なら塔は安定感のある形になります。逓減率が〇・七ですと、すーっと背が高い塔に見えますな。

法隆寺五重塔
柱間

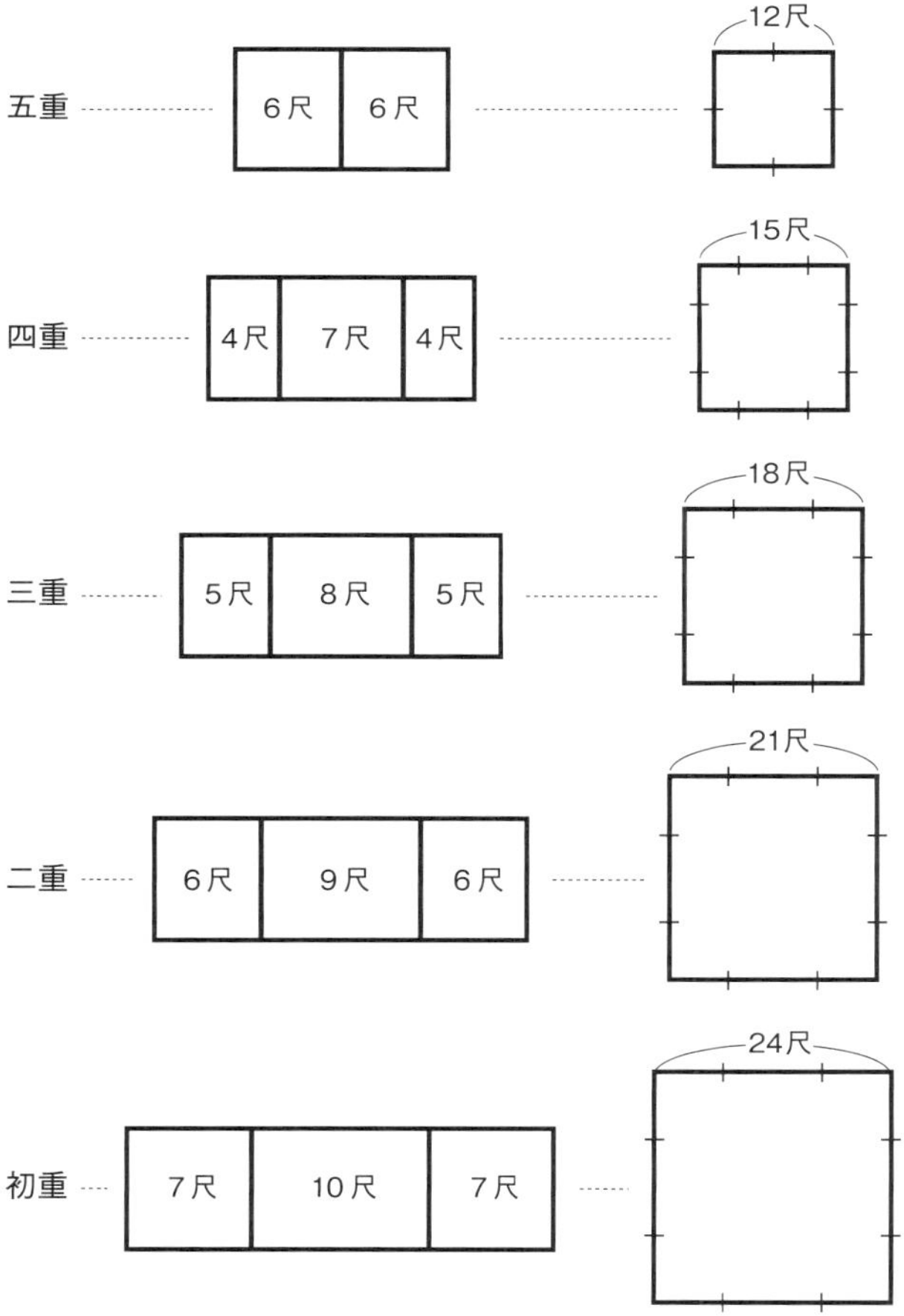
五重
6尺
6尺
12尺
四重
4尺
7尺
4尺
15尺
三重
5尺
8尺
5尺
18尺
二重
6尺
9尺
6尺
21尺
初重
7尺
10尺
7尺
24尺

法隆寺の五重塔は逓減率が〇・五です。つまり、五重目が初重の半分になるように造られています。それが安定感の秘密です。しかし、みなさんが塔をご覧になるときにはこうした数字にとらわれず、自分の感覚で美しさやリズムを感じてもらえばいいですね。柱の太さや形、組物の姿、軒の深さや反り、塔の立っている背景でも皆違って見えますから。大工はそういうことを計算に入れて造っているはずです。ですから数字だけでものを考えると、それに縛られて、目や感覚が曇ってしまいます。それでは真の美しさはわかりません。素直な目で見ることです。

そして建物は見る場所や視線の高さの違いでも異なった表情を見せます。さまざまな方角、さまざまな高さで観察すると楽しみが広がりますし、意外な発見があるものです。

古代の道具と技術と材料

建物を造るには二つの目があります。

一つは施主の目です。

誰が、なんのためにその建物を造ったのか。

法隆寺に関しては、大野管長さんが対談の中で話してくれました。

法隆寺は、仏教を広め、それを実践する者を育て、さまざまな人が集まってくるところにしようとしたというのです。塔は舎利（お骨）をまつる建物であり、金堂は釈迦像を安置する場所、講堂は学び、教えるところです。

これが施主の目です。

もう一つの目は私たち大工の目です。施主の考えを聞き、それを実現するためにどうするか。大工の考える意匠は、貴族や大名などの施主が考えるものとは良くも悪くも違うのです。なぜなら、大工は木材という現実の物を使わなくてはならず、それには自ずから制限があります。そして使える道具も限られています。現代の目で見れば、あそこをこうしたら良かったのにと思うことでも、千年前では出来なかったことが多いのです。

建造物はそういう意味で、時代の制限を大きく受けます。そのなかで大工が目指すものを形に仕上げ、風雨に耐え、美しくしなければならなかったのです。

日本の国は木が豊富だったとはいえ、無尽蔵に大きな質の良いヒノキがあったわけではありません。運送手段は、牛や人手、川に頼るのですから、持ち出せる範囲は決まっています。

今の法隆寺の金堂や五重塔、中門を造った当時、千三百年前も使える資源は限られていました。都が移るたびに建物を解体し、使える物は運んで、再び使っていたと思われます。これは当たり前の考えでしたし、そうするつもりで組み立てられてもいたのでしょう。

道具もわずかなものです。

法隆寺の創建当時に使われた大工道具を推定復元したもの。鋸や台鉋など、現在一般的な道具はまだ無い（写真提供・竹中大工道具館）

木を伐る斧、丸太角材にするはつり斧、穴を開ける鑿《のみ》、柄を取り替えれば鑿にもなる手斧《ちょうな》、仕上げの槍鉋《やりがんな》。鋸《のこぎり》は横挽きの小型の物はあったでしょうが、縦挽きの鋸はなく、板を挽いたり、角の柱を挽いたりは出来ませんでした。表面を平らにする台鉋も鎌倉後期から室町まで伝わっていません。

大きな木を割るには楔を打って割りました。入り組んだ肘木《ひじき》や斗《ます》、柱の膨らみ、彫刻などもそれらの道具でやっていたのです。水平を測るには器に水を張り調べていました。それで法隆寺のような建物を造り上げていたのです。

こうした道具は、神戸にある「竹中大工道具館」に展示されています。ここでは大工道具の変遷がよくわかります。石器時代から現代に至る道具の変化は、建物に対するその時代の人たちの考えの表れでもあるのです。道具が良くなれば、新しい技が手に入ります。それがいいように思うかも知れませんが、そこで失うものもあったのです。

それは時代ごとの建造物を見ていくとわかります。建造物の変化と道具の進化は紙の裏表の関係です。

私達はどうしても今の目で建物を見てしまいます。道具が溢れ、運ぶ自動車があり、木を持ち上げる重機があり、足場を造る鉄のパイプがふんだんにある現代人の目で。

そうしたものがなかった当時の大工は、現代人顔負けの工夫をこらし、建物を施主の考える姿に仕上げ、丈夫な物に仕上げてきました。

それが目の前にある法隆寺の建造物です。

そういう目で、建物を見て欲しいと思います。

深い軒

法隆寺の五重塔も金堂も軒が深い。この軒の深さが美しさをつくりだしています。軒を深く出し、反りを持たせることで、軽く見えます。スッと鳥がはばたくような感じでしょう。これが日本の軒の反りなのです。翼を広げたような軒の曲線。微妙な反りが生み出す、軽やかさ。

実に美しいものです。現代の日本の家屋から失われてしまった美です。

軒を深くするのは、絵で描くのは簡単ですが、実際に行おうとすれば大変な困難がつきまといます。物理的に先端に多くの負荷が掛かりますので、それを奥で支えなければなりません。シーソーを思い浮かべてください。奥行きがあれば可能ですが、五重塔の五重目のような小さな物では、技術的にはものすごく難しいのです。

軒を深くするというのは日本独特のものです。建築技術を教えてくれた大陸にも朝鮮半島にもこういう深い軒の建物はありませんでした。雨の多い日本で建物を守るためにどうしたらいいか、考えた末に、軒を長くしようと考えたんでしょう。

しかし、これは頭で考えるほど簡単じゃないんです。長く出せば、その上に瓦が載っていますから、それを支える工夫をしなくてはならないんです。

飛鳥の瓦は大きくて、平瓦一枚の大きさが縦四十五センチ、横三十六センチで厚さが二・四センチ、重さが六キロもあるのがあります。それらが並ぶのですが、その下には葺き土というのが敷かれているんですから、瓦屋根というのは重いものです。それまで瓦葺きの建物を造ったことがなかった工人たちがその重さに驚きながら挑んだのです。

軒を長くし、それを支えるためには、柱の上に組み物をせり出させ、軒先の重さを柱に導いて分散させる工夫が凝らされています。それまでは日本の建物は茅《かや》屋根や檜皮、杉皮、こけら

法隆寺の軒

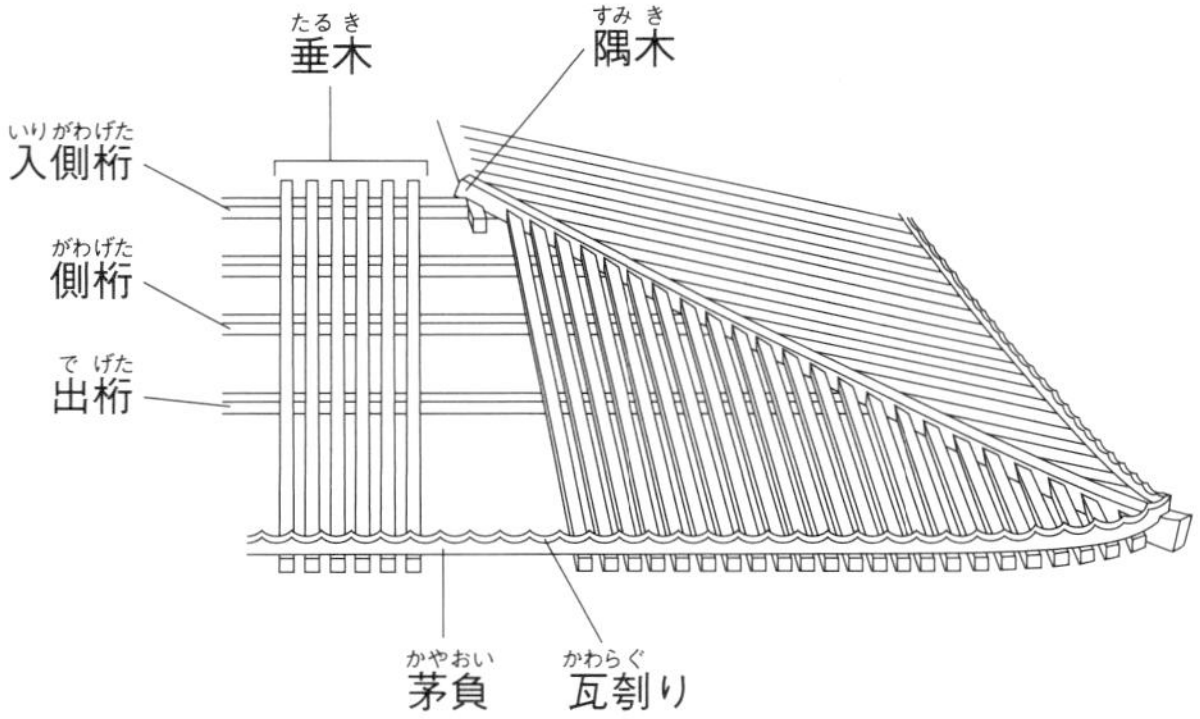

なんかでしたから、それは大変な試練だったと思いますよ。

この深い軒を支えるのは、一つは垂木という軒まで伸びた部材です。

それから柱の上に伸びた尾垂木《おだるき》、隅を支える隅木。それらを支えるのが柱の上に立つ肘木や斗という部材です。法隆寺独特の雲肘木《くもひじき》、雲斗《くもと》などについては後ほど話します。

軒の話に戻りますが、一番荷重がかかるのが建物の隅の軒です。ここは「平」の軒より一・四倍長くなります。それを支えるのは大変なことです。

塔の場合は、初重の軒の出は二重目の建物の重さで支えます。垂木が集まった裾の部分を押さえつけるように二重目の土台に当たる柱盤《はしらばん》が置かれるからです。同じように二重目の軒は三重目で、三重目は四重目で。しかし五重目の軒の出は本建ちが狭い分だけ奥行きが短く、上に載るのは露盤だけです。そのため五重目の軒の出を支えるのは大変なことなのです。

そのせいもあって、法隆寺の五重目の軒の下には、創建当時にはなかった力士像が柱となって四隅を支えています。これは元禄の修理の時のものですが、軒が支えられなくなったためにもっと早くから支柱として立てられていたんです。五重目の軒を支えるという難問が、長い年月の中で負担になり、この方法でしか解決できなかったのです。

軒の深さは、雨や湿気を防ぐという実用と共に、美しさを作り出していますが、その裏には並々ならぬ大工たちの闘いがあったことも感じます。

この苦労が時代ごとに屋根の形を変え、新しい智恵を生みだしていくんです。

美しい東の回廊

回廊に戻りましょう。

回廊の天井を見上げれば、垂木が並んでいるのが見えます。この垂木が屋根を構成し、軒を支えています。柱の上に皿斗《さらと》付きの大斗があって、両側の柱にかかる「虹梁《こうりょう》」という梁が乗っています。虹梁は単純ですが、力強く、虹の一部を切り取ったような控えめな美しさがありま

法隆寺金堂・五重塔の組み物構造図

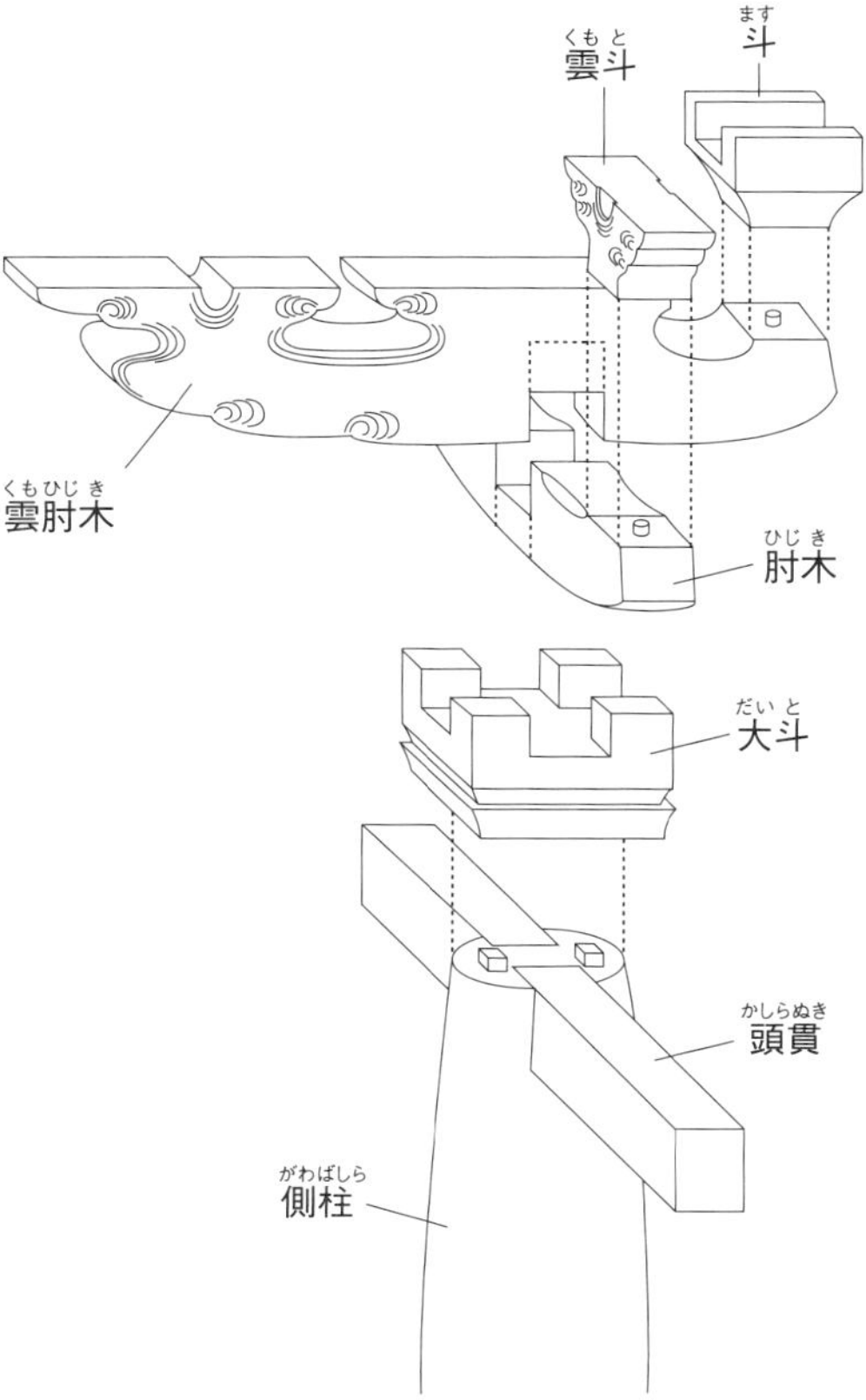

すね。虹梁の上には「人」の形の束を立てて、その上に乗せた斗の上に肘木が出て三個の斗で棟木を負担してます。「叉首《さす》」といいますが、これは棟からの荷重を左右の柱に分散させる役目です。

虹梁の両端は、柱の上の大斗に乗っています。それと、大斗の上に壁に沿って肘木が出て上に並ぶ三つの斗で桁を支えていますね。

棟からの重さは、三つの斗↓肘木↓叉首↓虹梁↓大斗↓柱↓地面。

軒の方にかかる重さは、垂木↓桁↓三つの斗↓肘木↓大斗↓柱↓地面。

こうして上からの荷重を分散させ、それを支えるのが石の上に立てられた柱の役目です。肝心なところには斗と肘木がうまく使われています。斗も肘木も飾りではなく重要な建造物を支える部材なのです。

上からの荷重を受ける柱は太く、胴張りという曲線を持っています。

法隆寺の伽藍の柱はみな胴張りです。エンタシスとは違って、下から三分の一あたりが一番膨らんで、上ですぼまった形です。

金堂も、五重塔の柱も、中門内側の柱群の威厳のある美しさを作り出しているのは、余裕のある太さと、胴張りの柔らかさがつくる力強さです。

回廊の柱の上には皿が乗っていますが、皿が小さいのがあります。これは形だけを真似て乗

東側回廊にて。軒裏の構造が見える。斜めに並ぶ垂木、三角を形成する叉首と虹梁の優美な構造、そして胴張りを利かせた柱など、見所の多い空間だ

せているだけなのです。柱に確実に重さを伝えるためには、皿は柱の直径より大きくなくてはなりません。叉首も原理を忘れて真ん中に余分な束が入ったりするんです。回廊を見ていくとさまざま後の時代の変更が加わっています。

いずれにしろ、上からかかる力をいかに均等に柱に渡すかが、建物の原理です。それを理解すると柱の上の構造の仕組みや、梁はどこに力を分散させているか推察できて、古代建築の魅力が増します。建造物の基本はこの仕組みにあるのです。

昔は、回廊は経蔵と鐘楼の前で東と西を結んで真っ直ぐつながっていました。ですから講堂は回廊の外だったんです。講堂は勉強するところだから人が入るけども、回廊の内側には行事以外は人は無闇には入らなかった。いまのように簡単に入るところじゃなかった。そういう大事な場所やったんです。ただの観光地じゃなくて、そういう場所だと思って見てもらうといいですな。

ここ、東側の回廊に来たら一度立ち止まってください。真ん中辺から南に向かっては飛鳥の建物です。で、ここから北は後世の建物です。

飛鳥の建物は、虹梁が虹のようにすーっときれいに曲がってます。飛鳥の物は叉首の真ん中に束がないんです。束がないと軽いんです。これが時代が下ったら、虹梁も太い真っ直ぐな梁

中門の内側。柱の太さ、柔らかな胴張り、それらが造りだす力強い美しさがわかる。柱の根元が「根継ぎ」によって修理されている

にしてしまうし、真ん中に束を入れてしまうんです。

この柱の列の胴張りもいいですね。これが真っ直ぐな柱だったら、真ん中が凹んでるようにみえてしまうんです。ほんの少し膨らんでるだけで感じがまったく違うわけです。昔の工人たちは、目の錯覚を知った上で膨らましてるんでしょう。

虹梁もわざわざ削ってカーブをつくってあるんです。柱の膨らみや虹梁の緩やかなカーブを指示した人がいるわけです。

普通だとただの円弧のアールで持ってくるかもしれません。しかしそれでは全然弱いんです。この胴張りは、片っ方へすっと入って、すーっと抜けているでしょ。それできれいなんです。

叉首もそうです。真ん中に束を入れたら屋根の重みを支えられるっていうのはわかるけれども、それでは叉首の良さが出てこない。美観をかねて、かつ重量を支える。それで叉首を採用している。「人」の字の持つやわらかな曲線をいかしてるんですな。

これをつくった人は、構造だけを重視したんじゃなくて、美しさも知っていたということです。感覚のいい人がいたんですね。その人にはここの場所に立ったら、こういうふうに柱が並ぶ、その美しい姿が見えたんだと思います。この場所はいいですね。飛鳥人の最高の美意識だと思います。

金堂

金堂は創建当時とは少し違っているんです。

初めは金堂には裳階はなかったんです。

それと二階の軒を支えるために龍の巻き付いた柱が乗っていますが、あれもなかった。元禄のときの修理で、全面修理で柱を取り除くことはせずに、柱に龍を巻いて済ましたとかいいます。

今は金堂の屋根の両端には鬼瓦が載っていますが、元々は鴟尾《しび》が乗っかっていたのかも。昭和の解体修理の際に元に戻すかという話があったらしいんですが、棟木が弱ってしまって、鴟

一番下段の屋根から下は、後に継ぎ足された裳階。二階の軒をつっかえ棒のように支える柱には、後の修理の際に龍の彫り物が巻きつけられている

尾を乗せると耐えられないということで乗せられなかったんです。

鴟尾は瓦と同じように土を捏《こ》ねて形を作り焼いたものです。東大寺の鴟尾は木の軸に銅板を張って、金箔を貼ったもの。唐招提寺は今度の平成の解体修理で新しく焼いたものを乗せました。かなり重く、唐招提寺の大きさで一個二百キロといいます。

金堂の軒を支えているのは雲肘木です。法隆寺独特の肘木で、みんな一本の木から彫りだしたものです。それだけの大きな木が当時はあったんですね。

あれを作り出すとなると、直径が一メートルのヒノキじゃ間に合わない。木を半分に割って肘木を一枚板でとるんだからね。割れやすい芯は外しますから。どうしても二メートル近い直径の木が必要だったと思います。

隅に出ている雲肘木は大きいですよ。その下の肘木に載っている二つの斗は雲斗というんです。真ん中に丸く窪んでますでしょ。あそこは水繰《みずぐり》といって、水玉のようにつくってあるんです。

二上山《にじょうざん》にこういう雲が出るんだそうです。それを真似てつくったっていうんです。

雲肘木には細く彫り物でその感じが出してあります。細かなところまで気を遣ったつくりですよ。宝物館で雲肘木の実物が目の前で見られるようになってますから、一度ご覧になるといいですな。遠くからだと大きさが実感できませんが、側で見たら、こういう大きな部材で構成

金堂の軒裏。雲の形を象った雲肘木が屋根を支える。直径２ｍのヒノキの大木を割って削り出した

されているのかと驚きますよ。

通常の肘木でも腕を出してある部分に笹繰《ささぐり》というやわらかな削りを入れて曲線を出していますし、その下には「舌《ぜつ》」という構造上は意味を持たない削りを入れてあります。

そういう小さなことの積み重ねで、大きな金堂全体のイメージを完成させています。素朴な道具しかない時代に工人達が一所懸命やったんです。

金堂の扉も見てもらうといいですね。この扉は一枚板です。連子格子《れんじこうし》もはめ込んだんじゃなくて、みんな削り出してつくってあるんです。

回廊の外側の格子は飛鳥のものは割ったままの連子格子です。少しずつ菱形の形や太さが違って柔らかいし、人手の感触があります。修理で後からやったものは台鉋が掛かって真っ直ぐに直されてしまっています。当時のように木を割って格子をつくる、それをホゾにはめ込むというのは大変だったんでしょうな。

壁に埋まってる柱を見ると、胴張りの膨らみがよくわかるでしょう。意外に低いところが一番膨らんでいますでしょ。エンタシスは上にすーっと細くなるかたちですが、胴張りは徳利形ですね。

柱や大斗、肘木は、人間の姿を模しているんです。斗が頭。肘木が肩から腕です。そうすると人間でも胴がいちばん太いですね。そうやって胴張りの形を作り出したんじゃないでしょうか。

当時は製材機がありませんから、斗や肘木、柱でも垂木でも、一つとして同じ物はできなかったんです。

金堂の解体では、四隅をそれぞれ違う工人の指揮の下でやった跡が、違いとして出ているそうです。それぞれ柱の長さや斗に違いがあっても、垂直、水平は保って千三百年建ち続ける見事な金堂を造ったんですから、すごいもんですな。

金堂は二層になってますが、別に人が上がる二階建てじゃないんです。それでも手すりがついていますね。「高欄《こうらん》」といいますが、「卍崩《まんじ》し」と「人字束」で組み上げられています。この意匠も法隆寺の大きな特徴の一つです。

金堂と五重塔を比べてみると、材がずいぶん違うのがわかります。それからいっても金堂が先に建てられ、いい木は金堂に使ったんです。塔は悪くなっています。それだけ木がなくなってきていたんでしょう。

千三百年前の材が六五パーセント

法隆寺の材料は今でも六五パーセントぐらいが創建当時のものです。飛鳥時代の木をそのまま使っているんです。

屋根を支える材料は、風雨に曝《さら》されるからなかなか残らないものです。よく残るっていうのは柱類です。柱とか、斗とか、軒の内側に入っているものは風雨が避けられるので長く持っています。

しかし、柱でも千年の間には傷みます。傷んだからといって、柱を丸ごと一本取り替えるのではなく、傷んだところだけを切って、「根継ぎ」といって、使えるところを残して継ぎ足して使ってきました。どうしても根元の地面に近い部分が雨にも当たるし、湿気ものぼってきますので傷みます。

下の腐ったところを切ってはめ込むにも、柱には上から何十トンから、何百トンも荷重がかかっているからそこだけというわけにはいきません。解体修理のとき、根継ぎをします。

中門の内側の柱は根継ぎがしてあります。

元の柱はどれも芯のない柱です。芯がないというのは山に立っている木をそのまま使うんじゃなくて、割って柱を取る方法です。

芯があると中心部分と外側では乾燥度や収縮率が違うので、どうしても割れやすいから、芯のない木を使うのです。こういう木を「芯去り材」と言うんです。中門の柱は大きな丸い木を四つ割してあります。この大きさなら立木の状態でも千年以上の寿命を持った木だったでしょう。

丈夫さからいったら芯がある方がいいかもしれませんが、癖が出るし、暴れるし、割れが入ります。芯去りならそういうことが少ないので、そのような木の性質を十分に知っていて選んでいるんです。それだけの智恵が十分蓄えられていたんです。

しかし、いまは日本にはこの根継ぎの材すらありません。だから、こうした国宝や文化財の建物の修理ぐらいは、自分たちの国の木でできるように用意しなくちゃいけませんな。木の国日本の文化を継承していくためにも木を使うことと同時に育てていくことも必要です。それがあっての木の国、木の文化ではないでしょうか。

2

法輪寺《ほうりんじ》

重文・薬師如来坐像、伝虚空蔵菩薩立像、十一面観音菩薩立像、弥勒菩薩立像、地蔵菩薩立像、吉祥天立像など

飛鳥時代の姿を伝える三重塔

創建には二つの説が伝えられている。ひとつは推古三十（六二二）年に聖徳太子が病気になった際、息子の山背大兄王《やましろのおおえのおう》が太子の病気平癒を願って建立したというもの。もう一説は、六七〇年の鵤《いかるが》寺（法隆寺）焼失後、百済開法師・圓明法師・下氷新物の三人が合力して造ったという説。いずれにせよ、はっきりしたことはわかっていないが伽藍配置は法隆寺と同じ、規模は法隆寺西院伽藍の三分の二、出土する瓦の文様も法隆寺と類似することが判明している。

一六四五年の台風で三重塔以外の堂宇がすべて倒壊する大被害を受け、その後享保年間から半世紀にわたり規模を大幅に縮小して再建がなされ、現在の姿に整った。

明治に入り、三重塔が国内最古最大の三重塔であるとして国宝に指定され、明治三十六年には解体修理も行われた。ところが、昭和十九年落雷による火災で炎上・焼失してしまった。

再建事業は二代にわたる住職による全国勧進行脚、そして作家・幸田文が現地に住み込み資金集めに協力するなどの支援を受け、昭和五十年、焼失以来三十一年ぶりにようやく完成した。

棟梁は法隆寺宮大工・西岡常一、そして著者・小川三夫はこの寺の再建現場で西岡棟梁に弟子入りし、後には棟梁代理として現場を取り仕切った。

仏像については、飛鳥時代から伝わる薬師如来坐像、虚空蔵菩薩立像をはじめ、平安時代につくられた木彫像の数々が重要文化財に指定されている。

所在地・アクセス

生駒郡斑鳩町三井一五七〇

近鉄郡山駅より法隆寺方面行きバスにて法起寺前下車、徒歩八分

法輪寺三重塔。著者が再建にあたった。基本は法隆寺五重塔の初重、三重、五重を乗せた寸法だが、著者独自の工夫が凝らしてある

法輪寺と幸田文

法輪寺の伽藍は規模は小さいけれど、法隆寺と同じ伽藍配置です。南門から入ると左に三重塔、右に金堂、正面に講堂となっています。金堂は正保二（一六四五）年に台風で倒れ、宝暦の頃再建していますが、創建の頃より小さなものです。講堂は収蔵庫をかねて耐火耐震の鉄筋コンクリート。現在、回廊はなくて、土塀で囲まれています。

三重塔は昭和十九年に落雷で焼失して、昭和五十年に作家の幸田文さんたちの支援で再建されたものです。幸田露伴の名作『五重塔』の印税も寄付されたんだそうです。

再建の時の棟梁は師の西岡常一ですが、薬師寺金堂の再建にかかっていたので、現場棟梁は私が務めました。

法輪寺三重塔の構造の基本は、法隆寺の五重塔の初重、三重、五重を重ねたものです。寸法的にはそうです。ただ、そのままでは初重が大きく、安定はしてるけれども、どこかずんぐりむっくりな形になってしまうんです。

だから全体の塔の大きさは初重、三重、五重を乗せた姿にしてありますけども、二重目の柱をちょっと切ってわずかに下げて、その分を三重目に乗せてあるんです。そうじゃないと三重

最前列右端は西岡常一棟梁、左隣りが著者、その間の後ろの着物姿が幸田文。現場では「文ちゃん」と呼ばれ親しまれ、「鵤工舎」の名付け親に

目が潰れたように見えるんです。

二重目を五寸（十五センチ）ほど縮め、その分を三重目で伸ばしてあるんです。

法輪寺は焼けてからの再建で、国宝や文化財ではないからそういうことも可能だったんです。西岡棟梁や設計の竹島先生に相談して、許可をもらってやりました。

法輪寺の三重塔と法起寺の三重塔はだいたい同じ考えで造られていました。

垂木は角で、一軒（一本の垂木）、雲肘木、雲斗、皿斗、高欄は卍崩しです。

法隆寺、法輪寺、法起寺は東に並んでますから、同じ系統の大工達が関わったんでしょう。同じ地区で造るんだったら、同じようなもの造るでしょうね。同じような考え、同じような場所ですから。それに工人たちにとっても模範にするすばらしい法隆寺があったわけですから。

宙に浮いている心柱

ここでは、塔というものがどのようにして出来ているのか、なるべくわかりやすくお話ししておきましょう。

塔を建てるときは仕事は内側から始まります。

塔のいちばん中心にあるのは心柱です。法輪寺の心柱は基壇の下、二・七メートルの穴の底に心礎という石を置き、その上に建てられています。心礎の真ん中には穴があってそこに舎利容器を納めてあります。柱の周囲は人が階段で上がり下りできるぐらい大きなヒューム管に保護されています。湿気を防ぐためです。

法隆寺の場合は穴を掘って心柱を入れて埋めました。そのために湿気で腐ったんですね。だから、腐らないようにしたわけです。

基壇から掘った穴の底の心礎までが二・七メートルです。ここの地山は心礎より高いから、地山を掘り進めて心礎を突いて固めたんです。

驚かれるかもしれませんが、心柱の底は心礎にはくっついていません。宙に浮いてる状態で

法輪寺宝塔
断面立面図

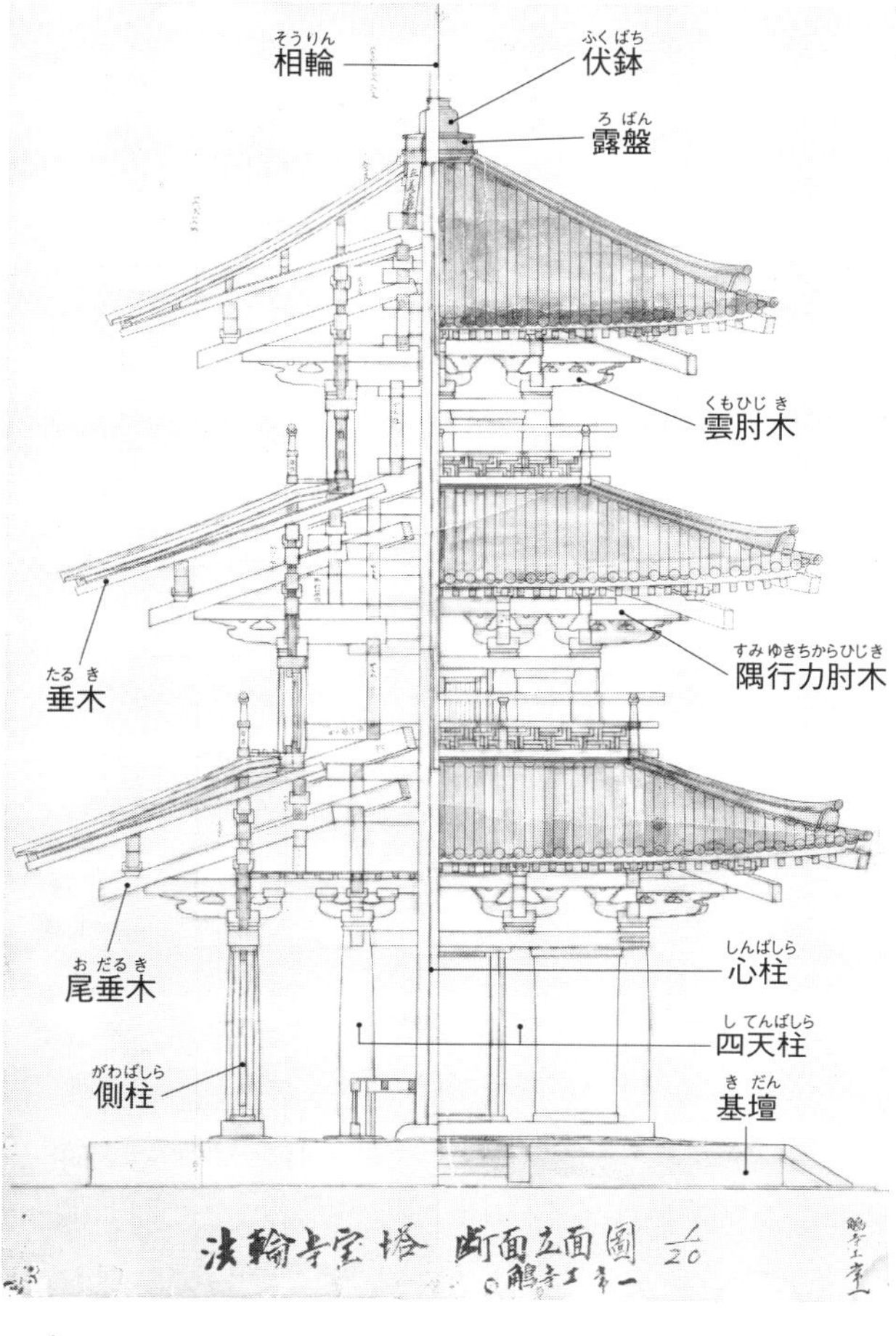
相輪《そうりん》
伏鉢《ふくばち》
露盤《ろばん》
雲肘木《くもひじき》
隅行力肘木《すみゆきちからひじき》
垂木《たるき》
尾垂木《おだるき》
心柱《しんばしら》
四天柱《してんばしら》
側柱《がわばしら》
基壇《きだん》
法輪寺宝塔　断面立面圖　1/20

す。建造中はそうはいかないから下にパッキンをおいて作業をしたんですが、出来上がったらパッキンを外しました。心柱は塔の上から吊り下げられた状態で、底に手が入るぐらいに浮かしてあるんです。

心柱の建て方は法隆寺もそうだったでしょうが、深い穴に心柱を固定するのは難しくはありません。穴の周囲に土を盛り上げて斜面を作り、その斜面に柱を寝かせ、綱を付けて引っ張って起こしたのでしょう。土嚢でも積んでちょっとずつやればできますね。

飛鳥時代はその方式です。

ところが七十年ほど後に建った薬師寺の場合は、心礎が基壇の上にあるんです。そうすると心柱の建て方も変わってきます。どうやったかわかりませんが、それを建てるだけの技術がもうその時に出来たわけでしょう。その頃には、掘り下げると心柱の根が腐ることが分かったんで、基壇の上まで礎石を持ってきたんですね。これもすごいことです。

心柱は八角形で二本継ぎです。継ぎ方は法隆寺にならって「目違い建て」という方法です。材と材を繋いだ後に周囲を鉄のバンドで巻き、和釘でとめてあります。

心柱は構造とは関係ない

心柱というのは、実は塔の構造には関係がありません。一番てっぺんの相輪を乗せるだけの役目です。もし、心柱を地上にがっしり固定して、各階の構造が心柱に組み込まれていたら、年月が経てば、塔に歪みが出ます。

なぜかというと、心柱は縦に立っていますから、繊維の方向も縦です。時を経ると乾燥が進んで木は痩せてきますが、上下方向にはほとんど縮みません。ところが桁や梁や肘木や斗などは横に木を使っています。横に使った木は年月が経てば上下方向に縮みます。あれだけの塔になれば一本一本はわずかな縮みでも積み重なっていますから、総量は結構なものになります。ところが心柱のほうはほとんど縮みませんから、そこに梁や桁や肘木などの横材が組まれていたら、縮んで下がって各層に歪みが出ることになります。

実際、法輪寺の場合でも完成から三十年ぐらいの間に、心柱の周囲の構造はかなり沈んでいます。しかし、そうなることはわかっていますから、計算済みなんです。

塔が完成しますと、瓦や壁の荷重でずしんと下がります。それからはあるところで止まりますが、年月がたてばさらに沈みます。

薬師寺の西塔を再建したときで、木材の総重量が三百十八トン。屋根が九十一トン。壁が七十一トン。相輪が三トン。それほど重いものです。

大きな荷重がかかりますから木は収縮します。それを何寸低くなってもいいか、計算して心柱を切り縮めておかなければならないということです。

この木の縮み具合、荷重がかかったときの問題というのは、勘というよりも、だいたい斗《ます》とか桁を調べて、一尺に対して板目だと二分（六ミリ）ぐらい、柾目であれば七厘（二ミリ）ぐらい縮むと見て計算しました。

まあ、そういうわけで心柱というのはまわりの構造から離れたものにしてあります。浮いているんです。

ですから、法輪寺は今でも初重の塔内に入って、心柱を力いっぱい押せば、ゆうらゆうらと動きますよ。もちろんわずかですが、そういうもんです。

心柱の先端は細く削り、鉛筆のキャップのように相輪がすっぽり入るようになっています。

塔の構造

塔の基本構造は心柱があって、心柱の周りに四天柱、さらにその外側に側柱が立っています。それらの柱の上に通《とお》り肘木《ひじき》が何重かに重なり合って井桁になって各層の構造を造っています。

そこから垂木や尾垂木、隅木が軒を造るために出ていますな。

初重と二重目、二重目と三重目は、柱で繋がっているわけでもなんでもありません。

法輪寺三重塔の内部構造

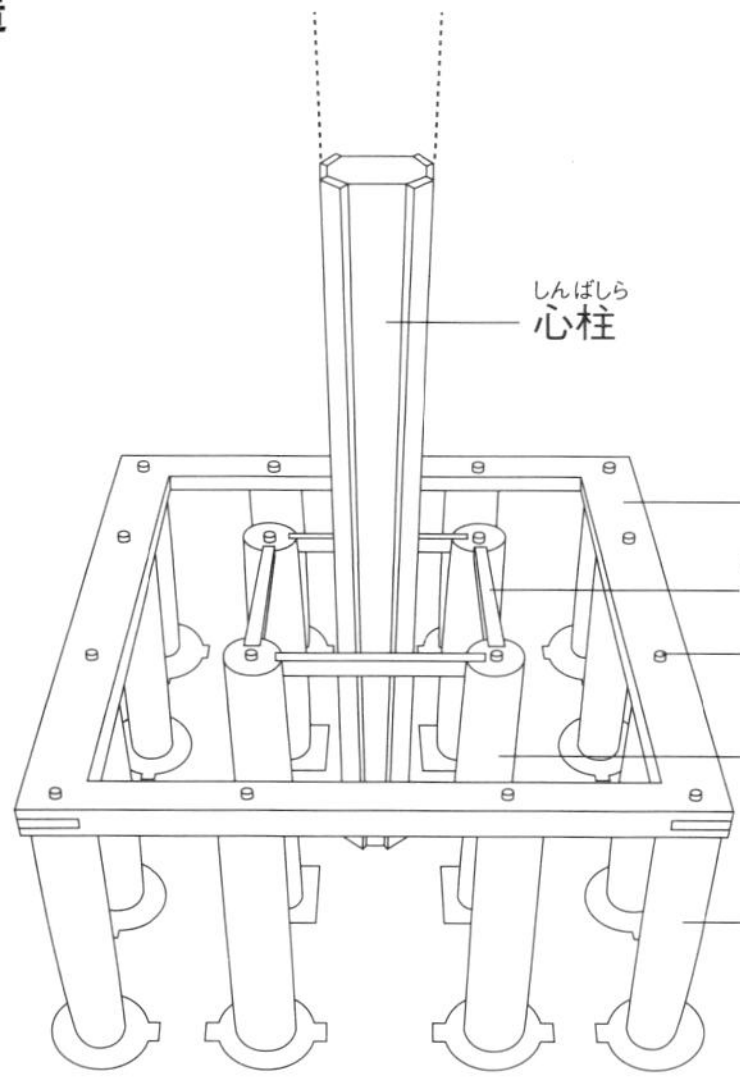

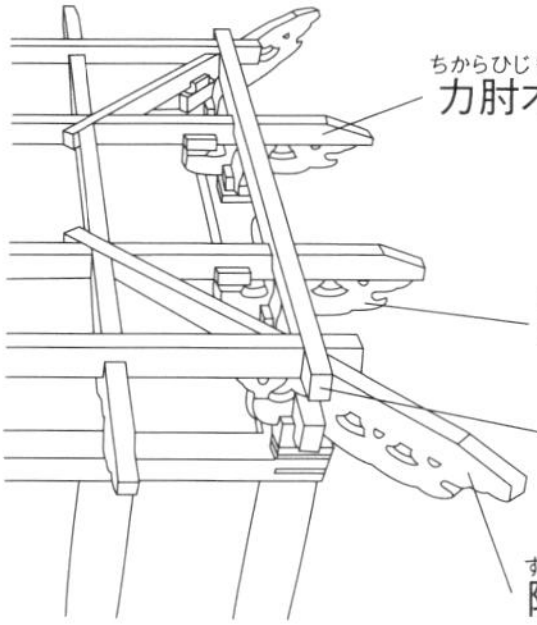

まず初重をつくり、そこから外に出している屋根の垂木や尾垂木、隅木の上に、二重目の土台になる柱盤《はしらばん》という頑丈な木を井桁に組んで、それを土台にして二重目の柱を立てます。そこには二重目より上に造られる建造物の荷重がかかります。

つまり、五重塔も、三重塔も、各層が独立したものが積み重なっていると思ってもらえばいいんです。これが地震に対して強い理由なんですな。初重が右にずれたら二重はその揺れをそのまま三重に伝えるのではなく、ゆったり遅れて振動することで、揺れを抑える役目をしているんです。

しかし法輪寺の三重目は井桁に組めないんですな。構造が二間《ふたま》だから。図を見てもらったらわかるでしょう。三間《みま》なら外側に側柱が一列に四本、内側に四天柱が四本あります。そしたら、桁が井桁に渡せます。ところが三重目は二間ですから、側柱一列の三本。真ん中に心柱があるから、内側に井桁が組めません。

だから二間の最上層は弱いんです。最近の新しい塔はみんな三間にしてますな。上を三間にして、井桁にさえ組めば、一番上の段も安定するんですが、無理矢理三間にすると柱と柱の間が狭くなりすぎて、斗や肘木が間に入りません。

三重目を二間にすると、梁や桁を井桁に組んでいないので、屋根の隅木の尻を上から押えるものがなく、ぶらぶらになります。それを動かないようにしなければならないんですね。

塔最上層の二間と三間の違い

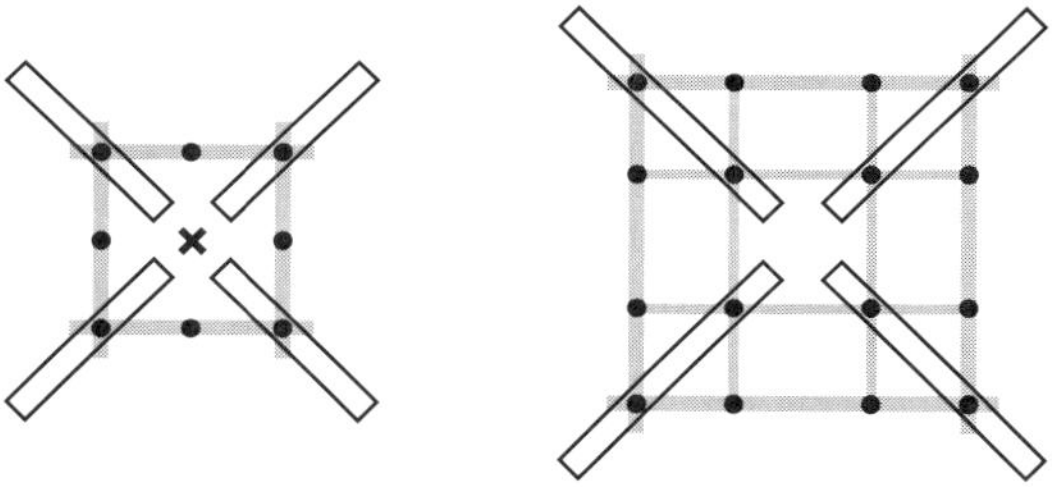

そこで、心柱の周囲に枠を入れて、その枠に隅木を留めました。井桁ではなく枠です。
法輪寺の塔はそういう構造です。

塔は動く

塔を四隅から見て、隅木の端《はな》がピーッと天に向かって通っているのはすばらしいもんです。

しかし、そこを見られると、私たち造った者としては困ることもあるんです。年月が経っても、端がぴしーっと上まで通ってないといけないんですが、それが難しい。やっぱりなかなか通ったままにはならないんです。それは塔というものは胴が小さくて、軒が深いからです。

薬師寺の西塔を造ったときも、最上層の屋根を支える隅木の端は柱の芯から中側が一メートル、それに対し外側には四・五メートルぐらい出ているんです。それをバランスを取って支えるのは上からの荷重だけではありません。総持ちで持たせることになるのです。

ですから、その隅木の端を鋸《のこぎり》でザー、ザー、って切るぐらいの力で、塔はがさがさと動きます。だけど、止まるときはちゃんと同じいつもの所へ止まってくれないといけないんですな。そうでなければ下から見上げたときにスカーンと端が通らないですから。

そんな微妙なバランスですから、各層の屋根に瓦を葺くときでも、こっちに一枚瓦乗せたら反対側に一枚乗せると。そんなふうに慎重に乗せていかなければならんのです。そうせずに、片一方だけに重い瓦を載せたら塔は倒れてしまいます。それほど建造中の塔は微妙なバランスで建っているんです。

塔の場合は各層井桁に木を使うという話はしました。しかし木には癖があります。育った環境から来る癖です。一年中同じ方向から風を受けていれば、それに対抗して真っ直ぐに立っていようと木は頑張りますから、そういう癖が出ます。

また木には日が当たる側、日の当たらない側があります。斜面に立つ場合はその根の張り方からも癖が出ます。それは製材したり、柱や板になった後にも出てきます。

ですから井桁に組むときもその癖をうまく生かさなければ、塔は持ちません。

この木は右に曲がる癖があるぞ、こっちは左に曲がる癖があるというのを見分け、それぞれを上手に組み合わせてやることが大事です。荷重がかかると木は、静かなときよりも癖が出るものなのです。癖を見抜けなければ、木は暴れます。ぎゅーっと曲がったりします。癖は年月が経っても出ます。日があたる方向も決まっていますから、それも考えておかねばなりません。下から見て隅木の端がまっすぐになるようにするためには、木の癖で組んでおかなければならないわけです。口伝では『堂塔は寸法で組まず、木の癖で組め』といいます。

癖で組むというのは言葉ではわかりますが、一本一本違う木を扱うのです。どれぐらいの癖が出るかを見抜き、百年後、二百年後の姿を予想するんですから、大変なことです。

癖を見るためには材にして置いておくことが一番いいんです。長く置いておけば癖が出ますから。しかし、そう時間がない場合は、見極めて、これはこっちだ、あっちだって、うまく癖同士を抱き合わせるようにしてやるんです。

法輪寺の塔の時も、たくさんの材を並べて、区分けをしました。

壁の役目

建造物で壁の果たす役割は大きいですな。

一つは美しさを造り出します。ほっとする安心感も造り出します。柱や斗、束などによって細かく分けられた壁はリズムを造り出します。

通り肘木という壁を横切るラインが幾つか重なれば動きになります。その間に斗や束が入ればアクセントを生み出します。工夫が重なって、時代好みの意匠も生み出されてきます。


もうひとつ壁の大事な役割は構造材だということです。次頁の写真を見てください。

壁の構造は、柱の間に貫《ぬき》や横材ががっしりと組み込まれています。そこに木舞《こまい》といいますが、ヒノキの割り材を縦横に格子に組み、昔は蔓《つる》で結わえました。いまは手編みの藁《わら》縄などで結わえます。

壁土は粘りのある粘土質の土に藁《わら》や沙《すな》などを混ぜて寝かせておきます。こうした藁などを苆《すさ》といいます。本来持っている繊維が繋ぎの役目をするほかに、土の中で発酵して粘り強さを増す役目をします。

法輪寺・三重の塔の再建の時は荒壁用の土は腐らせるために二、三年寝かせました。そこに入れた苆は、一尺立法に藁を三束ほどでした。土に藁を入れて、人間の足で踏みこんで混ぜるのですが、幸田文さんも一緒になって泥まみれになりながら作業したのは、懐かしい記憶です。

こうして造った土に塗る際に再び藁を混ぜて木舞の間に押し込んでいきます。粘土は木舞の裏で球になり、乾くとがっしりと固まります。下地の塗りが乾いたら中塗りをし、それが乾け

三重塔の壁。ヒノキの割り材を組んだ木舞を麻紐でしっかり結ぶ。ここに藁を混ぜて発酵させた土を３度塗り込み、最後に白土を塗って仕上げる

ば、仕上げをし、最後に白土を塗りました。

この壁の厚さは十八センチ以上もあり、柱と柱の間をしっかり支える役目をします。

薬師寺三重塔の場合で壁の重さは全体で七十一トンもありました。

この重さ、丈夫さが柱の間を埋め荷重に耐え、地震に負けない強さを保つのです。

塔を造るのにどれぐらいの木が必要か

塔を造るのには太いヒノキがたくさん要ります。

法隆寺の建物は芯がない木でした。芯去り材といいます。中門の材はほとんど芯去りですね。

あの直径六十五センチぐらいの大きな柱を芯去りで造るとなると、少なくとも一メートル五十センチぐらいの木が必要です。それを四つ割にした一つが中門の柱です。しかし今は日本にはそんなヒノキはありません。

使われてる材木がどれほどだったか計算しますと、法隆寺の五重塔で千八百五十石ぐらいです。一石は三十センチ×三十センチ×三メートル。一尺・一尺の一〇尺の材を一石といいます。

法輪寺の三重塔で千百石。

薬師寺の三重塔で二千百石。

そうすると、直径一メートル五十センチくらいの原木があったとして、だいたい八十から百本用意しないと塔はできないことになります。

もし今、法隆寺を造るとなると、昔のような芯去り材でなくても、千八百五十石の用材を用意するのに、だいたい樹齢二百年、直径六十センチぐらいの木が三百五十本ぐらいないとあの塔はできません。

これは柱だけではなくて、斗や肘木、板材も含めて全部。もちろんあの大きな雲肘木なんか取れませんから、はぎ合わせるんですが、そのぐらい必要です。

礎石建ち

法隆寺も法輪寺も柱は自然石の上に立っています。

礎石建ちといいます。石の上にぽーんと立っているだけなんです。

それまでの日本の建物は掘っ立てだったんですね。穴を掘って柱を埋めて建物を建てたわけです。それでは柱の根元が腐ることがわかっていました。

ですから石を置いて、その石の上にポンと柱を載せることを考えました。これを一番先にした大工はものすごい勇気のあった人だと思います。

心配ですよね、ポーンとその上に立てるだけですから。

しかしこれはコンクリートの真っ平らな土台の上に立てるよりずっと丈夫なんです。自然石ですから表面はデコボコです。木の底は石のデコボコ通りに拾ってあるんです。その通りに柱の底を彫るのです。ですからぴたっと乗せたらもう動かないんです。

この仕事を「石口拾い」といいます。石のデコボコを木のほうに移すわけです。

法輪寺ではちゃんと石口を拾えたかどうかの検査の仕方はこうでした。自分が作業した柱を石の上に立たせて、梯子《はしご》を掛けて柱の上まで登らせました。柱を支えるものは何も無しです。それで柱の上に人間が立てれば合格。下手したら柱と一緒にドーンと倒れてしまいます。

柱の重さがありますから、ちゃんと石の面を拾ってあれば、デコボコが石にピッタリくっ付いてるから倒れません。

デコボコのまんまだからこそ、摩擦が起きて、びくともしないんです。法隆寺の中門のあの見事な柱群でもみなそうです。

礎石の置き方も考えます。平らなのを見つけて、上はできるだけ水が溜まらないように外向きに傾斜があったほうがいい。うちに凹みがあれば水が溜まって柱の根が腐りますから。

大事なのは石の重心を見つけて、柱の重心と合わせることです。ぐうっと力がかかったとき傾いたりしては困りますから。しっかりかかる荷重を受け止めてもらわなくちゃならんのです。

上・凸凹な礎石の上にまるで生えているかのように精密に加工された柱が立つ。下・「おさ」という道具で礎石の凸凹を拾い、柱に移しているところ

法輪寺の礎石は、真っ平らに削らずにデコボコそのまま。山石のままです。

柱の底のデコボコを拾うには道具があります。柱の底に「おさ」という織物を織るときの道具に似たもので、石の上面のデコボコの形を拾って木に移し、彫っていくんです。丸鑿《のみ》でポンポン、ポンポン削っていきます。真ん中のへんはちょっと多めに取っていいんです。肝心なのは柱の石に接する周囲です。そこはぴしーっと合わせる。荷重がかかるとぴしっと締まりますから、建物が出来て荷重がかかるほど動きません。

この礎石建ちを考えた人は、建物の重さが柱の底にかかると動かないということを知っていたんですね。しかし地震があったときは動くんですよ。建物は崩れないけどコトコトと歩いたという例があります。

法輪寺でも、法隆寺でも、柱の根元を見てもらえばわかりますが、石から柱が生えているように見えるでしょう。ピチッと一分の隙もないはずです。

上の荷重がかかっても柱の底に割れも入らなければ、ブサブサも出てこない。そういう技術です。柱を見たら胴張りや上の組み物だけではなく、こうしたところも見て欲しいものです。

3

法起寺《ほうきじ》

国宝・三重塔
重文・十一面観音菩薩像

現存日本最古の三重塔

推古十四（六〇六）年に聖徳太子が法華経を講説した岡本宮を寺に改めたものと伝えられ、法隆寺、四天王寺、中宮寺などと共に聖徳太子建立七ヶ寺の一つに数えられている。臨終間際の聖徳太子から長子・山背大兄王は岡本宮を改めて寺とすることを命ぜられ、大倭と近江の田地を寺領に組み入れたのが始まりとされる。

その後、六三八年に金堂が造立され、六八五年に宝塔建立が発願、七〇六年には塔の露盤がつくられたとの記録が残っている。

近年の発掘調査の結果、法起寺の建立以前に岡本宮と思われる建造物が存在していたことが判明した。

また伽藍配置が法隆寺とは逆で、右に三重塔、左に金堂となっていたであろうことが確認された。

奈良時代には栄えた寺であったが、平安時代からは法隆寺の指揮下に入る。鎌倉時代には三重塔や講堂の修理がなされたが、その後は衰え、江戸時代初期には三重塔を残すのみであったという。

その後、僧侶たちの努力により一六九四年に講堂を再建、一八六三年に聖天堂を建立して現在の姿が整えられた。

一九七二年には三重塔の解体修理が行われた。この塔は現存する中で最古の三重塔として、国宝に指定されている。

田園風景の中に三重塔が佇む風情が、斑鳩の里らしさを感じさせるとして人気がある。

所在地・アクセス
生駒郡斑鳩町大字岡本一八七三
ＪＲ法隆寺駅より徒歩二十五分

法起寺三重塔。法輪寺の三重塔と大きさはほぼ同じだが、見た目の印象はかなり異なる。この違いに注目すると、棟梁の意図・工夫がわかってくる

比較のおもしろさ・斑鳩三寺

法起寺、法輪寺、法隆寺は一緒に見る人が多いでしょう。

この三つは同じ考えの上に出来ている寺です。

まず法隆寺があって、法輪寺も法起寺も飛鳥の時代の意匠を受け継いでいます。法起寺三重塔も法隆寺の五重塔の初重、三重、五重をそのまま乗せて三重塔にしてあります。

この三重塔は、焼けたりしていないので創建時に近い形を残してます。

法輪寺の再建で試みたような、二重と三重の高さを十五センチずつずらしたようなことはしてないわけです。それが形に表れますから、ちょっと二重と三重の間は狭まって見えると思います。二重の柱が長い感じがしますね。

法輪寺の三重塔と比較してみると面白いでしょう。雲肘木、雲斗、一軒に角の垂木、高欄の卍崩しと同じ意匠ですが、少しずつ違います。時代が少し遅れることによって、材の太さが違ったり、雲肘木に凝らされた法隆寺の細かな細工などが省略されていたりします。

大きくは違っていないのに、塔から受ける印象は違って見えます。

基壇一つでも違いますし、九輪《くりん》、水煙《すいえん》、軒の反りも違います。法起寺は柱が全体に細く、スマートで、胴張りの張り方が少ないですね。

薬師寺の三重塔は裳階が付いて全体のバランスを取って美しさをつくりだしています。樽のタガのように裳階がくっきりと締めているという言い方をしたりしてますが、法起寺の高欄はそういう言い方でいえば、帯の役目ですね。法輪寺とも違います。少し広がっていますかな。

そういうほんの少しの違いで印象が変わるんです。そこが建造物のおもしろさです。つくり手も、それだけ一つ一つの部材に気を使った結果なんですね。

初重の白壁、二重、三重の格子とその上の白壁がつくるリズムとバランス、いかにも法起寺の三重塔という感じですな。

法起寺は田んぼや畑に囲まれた平地の中にあります。法輪寺も法隆寺も山や丘の近くにあります。それだけでも塔の感じが違います。

もちろん、造った棟梁はそういうことも意識したと思います。私が塔や堂を建てるときでも環境や風土、周囲の自然にどう溶け込ますか、また逆に浮き上がらせるか、重大な要素として考えます。

私は仕事場が近いのでここをよく通りますが、菜の花やレンゲの畑の向こうに見える法起寺の三重塔は、たおやかでゆったりした感じを受けます。美しいですよ。

法起寺の伽藍は、法隆寺や法輪寺と塔と金堂の位置が反対でした。今は三重塔しかありませんが、昔は南大門から入ると右に三重塔、左に金堂、奥正面に講堂があったんです。法隆寺、法輪寺と大きく異なるのは、心柱を乗せる心礎が穴の底ではなく、基壇の上にあることです。前にも話しましたが、穴を掘って、深いところに礎石を置いて柱を立てるより、難しかったでしょう。

お寺のパンフレットには飛鳥時代に造ったと書いてありますが、時代は違うと思いますな。心柱の位置や部材への考え方、そういうのを見ますと白鳳ぐらいの建物だと思います。それを飛鳥時代の精神・意匠のままに造ろうとしたんだと思います。

昭和四十七年から解体修理をして五十年に完成したそうですけど、その前は初重の壁に二本の貫《ぬき》が入っていたし、三重目の構造が三間になっていたんです。

二間より三間が構造上はしっかりしていることは法輪寺のところで話しましたが、江戸の修理で三間に改築してあったんです。それを昭和でまた創建時に戻したのです。

修理のたびに、どういう状態にするのか、時代ごとに考えがあります。せっかく直すなら美しい姿を保ち丈夫にしておきたいとか、出来るだけ創建当時と同じにしたいとか。これからだって、それぞれの時代の人が古代の建造物をどう考えるかで変わってくるかも知れません。

いずれにしろ、木を扱う技術や知恵、それを考え復興させる千三百年前の塔がこうやって残っているということが大事で、奇跡のようなことだと思います。

第二章

西ノ京周辺

薬師寺
唐招提寺

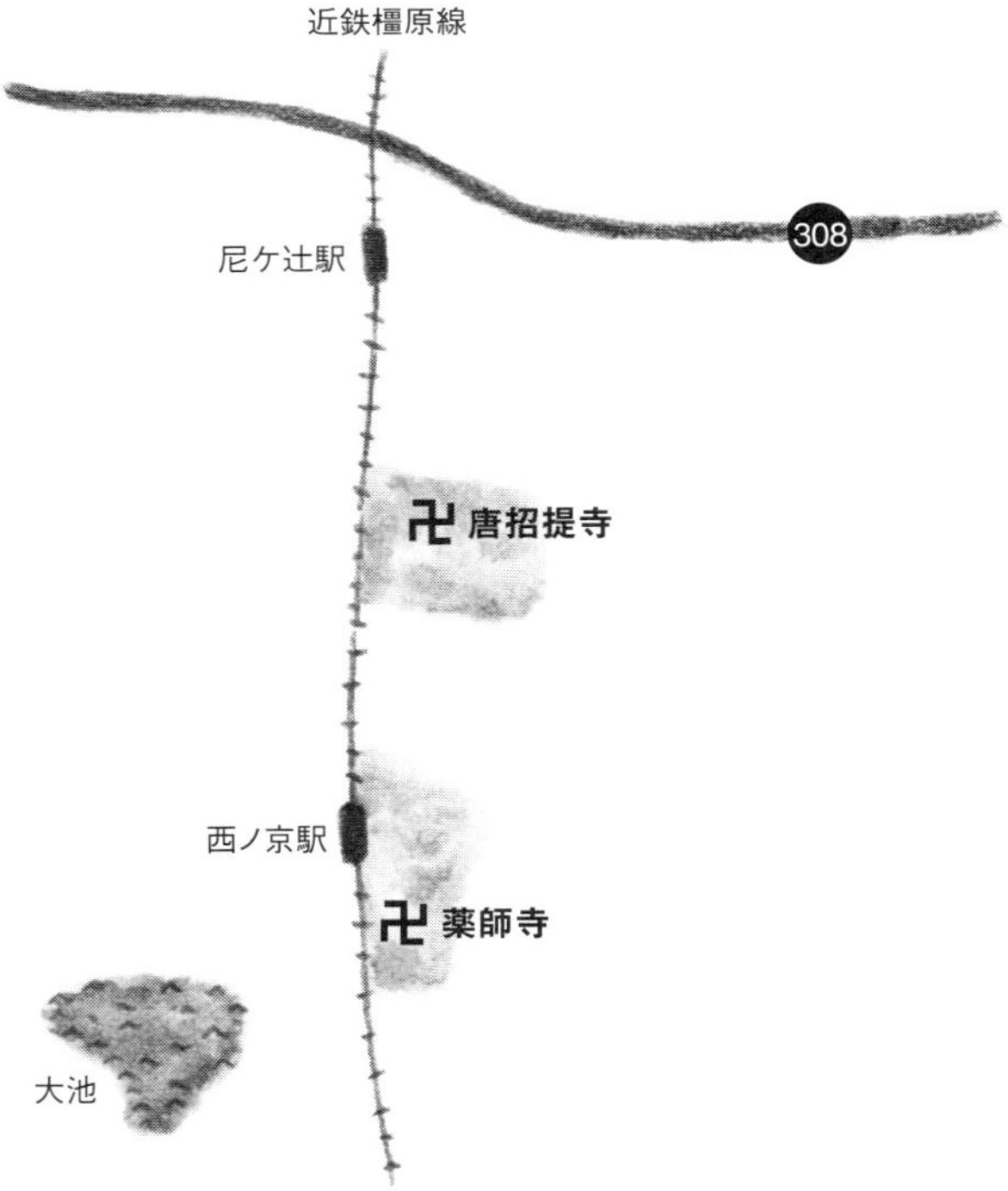
近鉄橿原線
308
尼ケ辻駅
唐招提寺
西ノ京駅
薬師寺
大池

4

薬師寺《やくしじ》

国宝・東塔、薬師三尊像、聖観世音菩薩像、薬師如来台座、仏足石・仏足跡歌碑、吉祥天女像画、慈恩大師像画など
重文・弥勒三尊像など

復興された大伽藍

天武天皇が皇后（後の持統天皇）の病気平癒を祈願して六八〇年に藤原京に建て始めたが、完成前に崩御し、持統天皇が遺志を継いで建築を続行。六九七年に本尊を開眼し、さらに文武天皇の御代に至り六九八年に堂宇が完成した。

その後、平城京遷都（七一〇年）に伴ない現在地に移された。天平二（七三〇）年には現在の東塔《とうとう》が完成。南都七大寺の一つに数えられる大寺院だったが、火災や兵乱など度重なる災害により、東塔を除くすべての堂宇が焼失した。

昭和に入り、高田好胤《こういん》管主の下、大復興事業が開始される。一九六七年より般若心経の写経勧進による金堂再建を提唱して全国を行脚、その結果一九七一年に起工式を行い、一九七六年に白鳳時代様式の金堂が復興した。

続いて国宝・東塔と並び立つ西塔《さいとう》が一九八一年に復興を遂げた。これらの工事の棟梁を務めたのは著者の師匠・西岡常一、著者はその下で副棟梁を務めた。

その後も普請は続き、一九九一年には玄奘三蔵院《げんじょうさんぞういん》伽藍が落慶。さらに西岡棟梁の基本設計による大講堂が二〇〇三年に落慶した。ここに至るまでに写経は七百万巻を超えた。

仏像では金堂の薬師三尊像、東院堂の聖観世音菩薩像がいずれも国宝。どちらも当時は大変貴重な素材だった銅で鋳造されている。薬師如来の台座（国宝）には、奈良時代における世界の文様が集約されている。ギリシャの葡萄唐草文様、ペルシャの蓮華文様、インド伝来の力神、中国の四方四神が彫刻されており、シルクロードが奈良まで続いていたことを伝えている。

所在地・アクセス

奈良市西ノ京町四五七

近鉄西ノ京駅下車すぐ

薬師寺東塔の上から西塔を望む。若き日の著者は西塔再建に当たり、
調査のため東塔に上って見渡した、平城京の風景に感動したという

薬師寺の金堂再建にあたって、棟梁として招聘されたのが師の西岡常一でした。私も作業の初めから関わらせてもらいました。これだけの大きな建物に大工として参加する機会はそうあるものではありません。毎日が勉強で、ここでさまざまなことを学びました。途中、法輪寺三重塔の現場をあずかりましたので、一旦薬師寺金堂の現場を離れましたが、西塔再建にあたり、再び師と東塔の調査からはじめ、図面を引くなど、深く関わらせていただきました。

東塔の屋根裏に潜り込み、ひとつひとつの部材を調べ、そこに白鳳の工人やその後の修理にあたった大工達の仕事ぶりを知ったのは大きな収穫でした。今から思えば、少ない道具で、あれだけの建物を造り上げ、それが千三百年建ち続けてきたのです。

重さに耐え、潰れそうになりながら耐えている斗《ます》、傾きながら荷重を背負う柱、風雨に腐ることを予想して長めに造られていた垂木《たるき》。そこには工人達の技と知恵、執念が込められていました。それらが組み合わせられたときに、あの「凍れる音楽」といわれる東塔が生まれてきたのです。この時の仕事はその後宮大工としてやっていく私に心してかかれと教えてくれました。

自分が関わった仕事のことを交えながら案内していきましょう。

私の話の前に、薬師寺の由来や、伽藍のこと、昭和・平成の伽藍復興などについて、薬師寺の山田法胤《ほういん》管主様にお聞きしました。

対談　山田法胤（薬師寺管主）×小川三夫

山田　私は昭和十五年十二月五日生まれなんです。だから今年で満七十歳。薬師寺に入ったのは十五歳でした。中学三年生の後半に入ったんですよ。昭和三十一年の正月に小僧に来ました。小川棟梁が西岡さんのところにきたのは何年ごろですか。

小川　昭和四十四年に西岡棟梁のところに内弟子で入りましたが、三十九年に修学旅行で来て、法隆寺の五重塔を見て、ああいう素晴らしいものを造る人になりたいと思ったんです。そのとき、薬師寺にも来ましたが、高田好胤さんが案内してくれたんです。

山田　あれを始めたのは高田管主が管主になる前からやっておりました。昭和四十二年に薬師寺の管主になられたので、私がそのあとを継いで案内をしました。

小川さんは、薬師寺金堂再建のときに来てくれていましたね。それから西塔復興のときも。

小川　自分は、弟子入りして、まず法輪寺の三重塔の再建の仕事をやっていました。その工事がちょっと中断するということで、そのときちょうど薬師寺さんが迎えに来てくれたんです。

それで西岡棟梁と薬師寺に来て金堂の仕事をしていましたが、上棟の前に法輪寺のほうが再開するということで、西岡棟梁は薬師寺に残らなくちゃならない。で、「お前、代わりに行け」ということで、法輪寺に行かされたんです。

山田　法輪寺も、棟梁としては西岡さんがやったけど、三重塔の現場はほとんど小川さんがやったんでしたね。

小川　西岡棟梁が段取りして。現場は私でした。法輪寺の三重塔が終わったころに、薬師寺の金堂もだいたい終わったんですが、建物が出来上がった図面を描く人がいなかったので、また戻ってきて竣工図を描かしてもらったんです。

伽藍再建

山田　薬師寺金堂は昭和四十六年に起工式をしました。写経勧進が始まったのは昭和四十三年からです。昭和四十二年十一月十八日、高田管主が住職になった晋山式《しんざんしき》のときに、こんなに発展してきたのに、金堂は安土桃山時代の仮堂のままで申し訳ない。いつか白鳳の金堂を再建して仏様たちを引っ越しさせてあげたいので、そのときに皆さん方よろしくと言って、金堂復興を誓ったんです。それで昭和四十二年に、写経でやろうって言い出したわけですよ。で、百万

右・山田法胤（やまだほういん）。昭和 15 年生まれ。龍谷大学仏教学科卒。厚生省慰霊団団員、喜光寺住職等を経て、平成 21 年薬師寺管主に就任

巻写経というようになりました。

小川　四十二年に写経でと言ったときには、金堂だけをまず建てるということだったんでしょうね。

山田　金堂をやるのが精一杯でした。四十六年に起工式を行うときには、もう八万人ぐらいの名簿がありましたかね。それで式に一万人来たんですよ。

小川　あの起工式はすごかったですね。

山田　東塔の東北側に舞台をつくって、起工式をしたんですから。横綱の柏戸が柱を曳いたんです。

小川　あの頃薬師寺の裏は田んぼを埋め立てたようなところでしたね。

山田　小僧に来たころは、薬師寺は田んぼの稲が波うってるところに塔があったんです。建物

も東塔と、古い金堂、古い講堂、東院堂しかなかったんです。戦後の農地解放で、全部解放したでしょ、不在地主だから。それを昭和三十五、六年ぐらいから、平城宮の買い上げと一緒に、薬師寺も買い上げてもらったんです。

薬師寺運営の話

山田　僕が来たとき、薬師寺全体で管主さんから小僧までで、まあ十人ほどでした。いまでも坊さんは十五人ほどしかおりません。東大寺のお水取りとか、薬師寺の花会式《はなえしき》とか坊さんが十人は要るんですよ。最低十人はいないと、儀式ができないわけです。それでも薬師寺はけっこう多かったんです、弟子としては。法隆寺や唐招提寺は少ないですよ。

小川　創建当時というのは、もっとものすごい数いたんでしょうか。

山田　百人出家さしたとかいうような記録が出てきます。でも出家したからといって、すぐみんなちゃんと出来たわけではないから、同じようなもんやと思います。

小川　天皇がつくったお寺ですからね。

山田　寺領を持っていて年貢をもらうという。東大寺は今の富山県に寺領があったり、法隆寺やったら播磨のほうとか、たくさん寺領を持っているわけです。薬師寺も寺領がたくさんあって成り立っていた時代が続いていました。ところが戦後の昭和二十二年のときに、農地解放されて、貧乏さが増したわけです。

小川　慶長のときに、薬師寺には僧兵が三千人いて、それが豊臣についたんで、憎らしくて徳川から薬師寺はずっと石高を減らされたとか、徳川家と争いがあったと聞きましたが。

山田　抵抗しているわけですね。だから、よそのお寺には葵の紋が何らかのかたちであるのに、薬師寺にはないですね。

小川　見たことないですね。そもそも、薬師寺は、皇后の病気回復祈願のために建てられたんですね。その当時のかたちというのは、いまも基本的には一緒ですか。

山田　一緒です。元興寺にしても、興福寺にしても、天皇家は関わっているけれども、氏寺です。一方で国営の官寺というのがあります。薬師寺は官寺なんですよ。大安寺、東大寺、西大寺と四つが官寺です。興福寺は藤原氏の氏寺です。元興寺は蘇我氏の氏寺。法隆寺は聖徳太子家の、まあ蘇我系の寺ということで、準官寺ですな。一般的にこの七寺は、ほぼ国家的な官寺ということになっているけれども、正式に分けると氏寺と官寺になっているんですね。

薬師寺の場合は後に持統天皇になる皇后の病気平癒のために建てられた。私が思うのは、皇后は、天皇と対等の地位を持っていたのではないかと。女の人のほうが、天に通ずる声を聞ける、巫女的な力を持っているんですよ。だから日本でいちばん最初の坊さんは、尼僧です。卑弥呼や額田王《ぬかたのおおきみ》とか、女性は神の声、天の声が聞こえるという。そうすると皇后さんは神の声を聞ける、そのぐらいの人なんです。男のほうの天皇は、もちろん地位の象徴やけども、詔《みことのり》出したりするのに皇后を呼んだのではないか。それで皇后には意見を言うぐらいのお力があった。特に持統天皇にはおありになったと思いますね。その皇后が病気になられたらね、もう天皇にしてみたら、病を癒さなあかんと。

小川　それは、薬師寺の水煙《すいえん》を見てもわかりますね。天女が天の声を聞きに行ったり、奏でて、上がったり下がったりしている。

山田　そういうと、えらい家族的なことで寺を造ったと思われるかもしれませんが、皇后さんの病気を癒すというのは、もう国の命令みたいな感じだったと私は思うんですけどね。

小川　そういう薬師寺と聖徳太子系列の法隆寺とは、どこが違いますか。

山田　いちばん違うのは、塔が二つあるのと、塔が一つ。朝鮮半島の文化を百パーセント受け入れているのが法隆寺で、薬師寺はそれと遣唐使の影響と両方あるんじゃないでしょうか。このあいだ朝鮮半島の通度寺というお寺の坊さんが三十人ぐらい来て、「やっぱり百済じゃない、これは新羅ですよ」と言ってましたね。

小川　建築として見たら、まったく違いますね。法隆寺は力士が裸でどーんと立っているような塔です。薬師寺は女性的で建物も柔らかいですね。

裳階《もこし》の美しさ

山田　三重塔の特徴は裳階《もこし》ですね。裳階をつけることによって、品の良さが出ています。あれがあることでもう何倍と違うほど、品がよろしいですな。

小川　あの裳階があるから素晴らしくいいんで、裳階をとってしまうと、か弱い建物なんですよ。法隆寺の裳階は少し違います。

山田　あそこは裳階が板葺きですね。

小川　普通の裳階は、仮のものです。しかし薬師寺は構造的に造ってあるんですよ、きちっと。だから最初から建物の一部として造られ、意匠も考えられてますな。

山田　その発想というのは薬師寺だけですよ。あとの時代の裳階はそうではないですよね。それ以外に、仏さんの台座にしても、薬師寺というのはさまざまな文化が集合してきて一つの形になった。そこに、国家的意味を持っていたという感じを受けますな。

小川　あの裳階を、修学旅行の生徒を案内されるときに、何と説明していたんですか。

山田　高田管主は「スカート」と表現して、すかっと美しいというふうに言ってました。

小川　二重目、三重目の裳階のことは？

（撮影・鵤工舎）

右の東塔と左の西塔の顕著な違いは最上階の屋根の軒勾配と長さ。東塔の屋根は修理の際に切り詰められ、西塔はほぼ創建当時の姿だ

山田　それはリズムだと。フェノロサが「凍れる音楽」と言ったというようにね。ああいうのを見ると、黄金率のパターンですよね。

小川　そうですね。ところで、いまの東塔の三重目は屋根の軒を切ってあるわけですね。

山田　いちばん上はね。だからこんど修理するとき、あれを伸ばすのか、伸ばさないのかっていうのはものすごく問題でしょ。これから委員会で詰めていきます。

小川　創建当時の長さに伸ばしていいのか。この建物が国宝だから、そのまま行くか、それは難しいことですね。自分たちは、西塔を造ったときには、元の長さに伸ばしてあるんです。

山田　あれを見ると伸ばさないほうがきれいに見える気がしますがね。東塔のバランスはあれできれいやし、屋根の反りも美しいですな。

小川　高さは一緒ですから、東塔は軒を短くした分、屋根の勾配も急になっています。それが遠くからきれいに見える。創建時の三重目はあと一尺ほど長かったんだけど、これは持たないから後の時代に切ったんですな。それをこんどの修理で伸ばすとなると、こんどは垂木が持たないんじゃないか。

山田　裳階は樽でいうたらタガだと、西岡棟梁は言っておられました。要するに樽をつくるとき、タガをちゃんと三段入れますね。そのタガですよ。だから塔ががちっとしている。

小川　裳階のタガがなかったらば、もうだめですよ。ぐらぐらでしょうね。

山田　それを、美を感じるタガにしたところがすごいということやと思います。

小川　そうですね。東の塔を解体すると、様々なことがわかってきますな。西塔再建では初重は壁やなくて格子にしました。調べた上ですが、本当のものはわからない。本数が少し違うかもしれません。

二つの塔の意味

小川　法隆寺の塔は、舎利を入れて、ストゥーパそのものだとすれば、まあ一塔でわかる気がするんですが、薬師寺の二塔というのは？

山田　お釈迦さんの生涯を八つに分けているんです。「釈迦八相」といいます。塔を二基造ると、八面になりますからそれに対応しますね。

　東の塔はお釈迦さまの因縁の因相、西の塔はそれの結果、果相です。これは絵じゃなしに彫刻です。お母さんの胎内へ入った「入胎《にったい》」。それから「受生」というて、分娩のことね。それから「受楽」。これがお城の生活。この生活に疑問を感じて出城です。そこからこんど「苦行」。そこまでが東塔なんです。それでこんど「成道《じょうどう》」「転法輪」「涅槃」「分舎利」と。で、薬師寺には塔を二つ造るのが原則なんです。

山田　今並ぶ二つの塔について私がさせてもらっている説明は、東塔は千三百年前のものですから、人間でいうたら、千三百歳という老人です。西塔は千三百年前のものを復元して、昭和の時代に一歳として生まれたものです。ですから千三百年前の天武、持統天皇や、そういう方々は今の西塔の姿を見はったんです。千三百年の両方が見えるという見方をしましょうと。

小川　東塔を実測しているときに、露盤《ろばん》の上から見わたすと、奈良の都が一望に見えるんですな。それを見ていましたら、千三百年前の奈良の都はさぞすごかったろうと思い至ったんです。あそこに東大寺さんがあったろうとか、そういう建物がばーっと見える。こんな素晴らしい都はないと思いましたな。で、その次に思ったのは、だいたい七十年ぐらいでそれを造り上げた。それだけのエネルギーたるや、いまの日本のどこにもないですね。薬師寺さんだって、何年もかかってますが、まだまだ完成しないんですからね（笑）。その力というものはどっから出てきたのかなと思いますな。

山田　やっぱり自分の国を思う心が強かったんでしょう。高田管主は修学旅行の生徒にそのことを言うたりしていました。

小川　ものを造る人は、徴用で来たのかもしれない。しかし、ものを造っているうちに、意識は全部変わる。でき上がったときのその喜びたるや、みんな同じ。それが造るということです。

抑え込まれて造らされたといったら、面白うありません。

山田　造る工人だけやなしに国全体、仏教を信ずる人たちも、そういうことに力を尽くしていたんでしょうな。

小川　薬師寺を造った頃の平城京に、腕のいい工人が沢山いたとは思えないんです。その前には、ほんの少ししか技術者はいないはずです。しかし、あの都のあれだけの数の建物を造るとなると、一斉にするんだから、それは技術者とか、どうのこうのではないですよ。木や土を熟知した普通の人々が、ちょっとした指導のもとで造ったんですよ。そうでなければできっこない。縦挽きの鋸《のこぎり》もないんです。柱も板も割って使ったんです。材料だって、近所にはなくなり始めていた。あれだけの木材を運ぶだけでも相当なものですよ。

山田　そうですな。それは国家事業やから、それだけの信心があったということですよね。

　奈良時代に、「律令」って言うたでしょ。「令」という言葉は、独裁主義国家でもなければ現代にはあり得ない。その「令」を奈良時代の天皇は大事になさった。これは、自分の命令やなしに、天の命令という気持ちを持っていたと思うんですね。「律」はお互いの生活で、してはいけないという禁止です。「令」というのは天の命令ですね。天というものは、天候一つとっても三百六十五日、雨風、晴れ、嵐、そういうものを人間は変えることができないんです。そういうものを自ずから受け入れていたのですかなあ。

だから寺に「祈れ」と言ったのでしょう。いま奈良と京都の寺で何がいちばん違うかというと、奈良の寺は、お葬式をしないんですよ。お墓を持たないんです。檀家がない。これをずーっと、奈良時代の天武、持統、聖武天皇、その頃の行き方を千何百年守ってきた、そこに奈良のお寺の意味があると思うんです。

薬師如来

山田　薬師如来を説明するキーワードは十二という数字ですね。これが薬師の世界なんです。一年は十二カ月。一日は十二時《とき》。それを昼と夜に分けると日光、月光となっていくわけですよ。だから両脇に日光菩薩と月光《がっこう》菩薩を配して、すべての方位を見守る。光で照らす。お薬師さんは地球そのものなんです。薬師瑠璃光如来というでしょ。これは地球上でその世界に生きるすべてのものの苦しみを取り除きたいという、そういう願いを持ったお方がお薬師さんなんです。瑠璃光という色は、ブルーなんです。宇宙飛行士が「地球は青かった」という。二千五百年前に言われていたのに、やっと近年、宇宙へ飛ぶようになって、地球のことがわかった。瑠璃光浄土というのは、現世そのものが浄土になるようにするということです。

小川　そのためには、病なり苦しみを取ってあげる作業をしましょうと。

金堂内に安置された中央の薬師如来像と左右の日光・月光菩薩像。当時は貴重品であった銅を用い、極めて精緻に造り込まれている。いずれも国宝

山田　それは一部です。病気とか、肉体だけのことを思う人が多いですな。だから薬壺《やっこ》を持つお薬師さんなんて、あまり良くないんです。

法隆寺のお薬師さんでも、薬師寺のお薬師さんでも、薬壺なんか持っていません。持つとね、その薬壺のなかには、粉薬か丸薬が入っている。そうすると、丸薬を飲むことによって病気が治るとか、こう思うわけですね。

本来は薬壺も何にもなしで、病や苦しみを癒し、瑠璃の世界を与えるというふうに、人間の心を癒してくださるという、そういう印を与願印といい、左手が願を与えて下さるという仏さんなんです。

小川　症状を治すわけじゃないという。

山田　そうです。お経のなかにも、「身心安楽」と書いてありますよ。体と心とを安らかに楽しくする。これが薬師寺の眼目やと思います。

小川　薬壺を持っているのは、あれはいつごろからああなったんですか。

山田　あれは平安末期のほうですな。その前は何にも持っておりません。

小川　薬師寺のお薬師さんがブロンズで出来ている。ブロンズの重さと、その輝きと、大きさと、ぴったり合う。すごいと思うんですよ。人を救うのだったら、大きくなければならんですよ。ものを造ることから言うと、重さというのは大事です。

山田　薬壺を持ってしまうとね。お医者さんみたいなもんですね。薬師如来と医者とは全然違うんです。

東塔の調査

小川　東塔のなかは木の固まりです。創建当時は、いまのように鋸がないから、木を割って製材してます。木を割って製材するということは、木は性なりにしか割れません。思うようには割れない。ですから一つとして同じものはないんです。長さも、叩き切ってあるんですよ。ですから中に入ると、そういう造った人の声が聞こえる気がしますな。いまのように機械で全部裁断してるわけじゃないから、生きてるような感じがします。

山田　これから東塔の修理がありますから、ずいぶんいろいろ出てくるでしょうな。

小川　すごい発見があると思いますよ。

山田　けっこう裳階が傷んでいるんですな。

小川　傷んでますね。

山田　ということは、裳階の部分は、どこか傷んで修理した可能性がありますか。

小川　それはありますね。昔の人は賢くて、屋根や垂木の修理を見てもわかります。垂木は桁

東塔初層内陣天井に残る天井画。かつては極彩色の世界だったことがわかる。金堂や西塔など再建された建物の天井画は、これに倣って描かれた

の上に載ってそこに釘を打って止められています。しかし、垂木の先端は風雨に曝されるから傷みますね。そうしたら修理のときには傷んだ所を切り落とし、その分だけ外側に引き出してまた釘を打ったんです。そのために、初めから垂木を長くつくってあったんですよ。引き出したから前に打った釘跡がみんな見えるんですよ。そうした修理を既に一、二回している。

山田　今回の修理でも創建当時の木はできるだけ使いたいです。

小川　そうですね。使えるものは全部。新しいものでやったら、それは新築と一緒になります。自分たちが西塔を復元したときに、東塔のそうしたことを調べてあるんですよ。それが正しいか、正しくないかっていうことも今回の解体修理でわかるわけです。

大伽藍再建のきっかけ

山田　高田管主は復興事業は金堂を建てるということだけに限られていました。それ以上お写経を頼むのは容易ではないと思われたんですよ。けれども、西岡棟梁は、東に塔が残って西塔がないというのは、なんとなしに片方の手がないような感じやからと。バランス感覚からいったら、どうしたって西塔を造りたいというのが、棟梁の当然の気持ちです。

小川　たしかにそうでした。

山田　高田管主は、「また頼みに歩くのはもう辛い」と言われたんですよ。私がその時「そんなこと頼まんでもよろしいでしょう。写経勧進を言うたらええんですから」と言いましたら、それからは早かった。

西岡棟梁も頓智の利く人でしたね。西塔がもう完成するころに高田管主のところに来て、「わし一所懸命仕事をしてまんのやけどね、夕方になると、いつもスズメが鳴いて、ちゅんちゅん、ちゅんちゅん来よんのや。どうも聞いてると、西塔の次は中門《ちゅうもん》いうてスズメが鳴くんや。わしが言うてんちゃいますよ」と。

それで、今度は中門の工事の途中にね、「カラスがわしにね、かあかあと鳴きますのや。そ

金堂は 1528 年に焼失。豊臣氏が再建する予定だったが滅亡により果さず。400 年後、高田好胤管主の尽力で昭和 51 年再建なる

れが『西岡さん、次は回廊やね。回廊やね』と聞こえまんねん」というて、回廊も。そこまで西岡さんというのは、生き方を持ってました。

小川　西岡棟梁には、白鳳の伽藍が見えていたんでしょうね。

山田　「あんたらには見えへんけど、わしには薬師寺はこうやったというのはね、もう立てば見える」って言っておられました。

小川　図面は描いた。あと二十年かかるから、自分はもう生きていられないけど、図面はみんな完成しているからと言っていましたね。

山田　だから次にやるんでしたら、食堂《じきどう》ですね。

小川　そうですね。

山田　いまは東塔の修理に集中していますから、東塔の目鼻が付けば、それはそういうことに行きたいなあと。

遷都が遺したもの

山田　この近くを流れる秋篠川は堀川といって、七一〇年藤原京から平城京へ都が遷るとき、運河として使うためにつくったものなんです。それが薬師寺のすぐ近くを通って、秋篠まで行っています。だから秋篠川は、藤原京からずいぶんモノを運んどるんですね。平城京から遷すときも、長岡京へずいぶん運んどるわけです。

小川　都を遷すというときは、建物も解体して持って行ったんですね。材料もそんなにたくさんあるわけじゃなかったですから。

山田　それは貴重で、再利用しているんですね。

小川　瓦なんかも回して使っています。都を作るんですから建築資材はたくさんいるし、そう簡単に加工できませんでしたから、非常に貴重なものだったんです。

山田　七八四年に長岡京へ遷って三年経ったら、平城京はぺんぺん草が生えて、十年後には田圃になっていたというんですよ。

小川　そう、何にもなくなるんです。建物もなくなるし、人もいなくなるんですよね。

山田　それで全部新しい都へ。都へ行かないと、生活できないですから。それで居残ったのが、寺と、赤膚焼《あかはだやき》の一部だったんですね。ほかの陶房は全部京都へ行ったわけです。

小川　寺だけ見ると、話が特殊に思えるけど、文化全部が移動して歩くんですな。

山田　奈良のときは、藤原京から全部移動して来ているんですよ。ところが京都へ行くときには、奈良の文化を受け入れたくないというので、もう足止めしているんですよ。その代わりに最澄と空海を前面に出した。だから奈良はずいぶん冷飯を食ったという感じがわかりますよね。それで「南都北嶺の争い」になってしまうんです。

だから「南都」という言葉は、僕らはええ言葉やと思っていますけど、京都の人にすると、たぶんもう古びた田舎の町という、そういう意味があったんじゃないですか。「南都」というのは過去の都。でも、過去の都として残ったから、今日までになっていますけれどもね。

小川　それでいい物も残りました。

山田　京都の文化は統一されてるところがあるんですね。彫刻にしても、花鳥風月の絵にしても。奈良にはそういう統一性はないです。東大寺は東大寺、法隆寺は法隆寺、薬師寺は薬師寺。そのへんは非常に違いますね。

だから飛鳥文化や、白鳳文化やって言いますけど、京都なんかは、鎌倉か、室町か、平安かって、わかりにくいですよ。江戸までずーっと一緒ですから。

京都と奈良のいちばんの違いは何ですかって言ったら、京都は鎖国してしまったのに対して、奈良は国際交流が盛んだったということですね。

日本の文化の特性

小川　奈良の文化の基本は、各地から入ってきた文化の合流ですな。

山田　ほんとうにね、日本人というのは、中国やヨーロッパの文化が入ってきても、それを見事に消化して、向こうから伝わったものよりずっと良いものをつくるんですよね。

小川　やっぱり日本人の素晴らしさでしょうな。たとえば向こうから建築の文化が来たと。しかし法隆寺を造ったときでも、向こうの建物の真似ではないですよね。向こうの建物はどうしても雨が少ないから、軒が短い。しかし日本は雨が多いから、その気候風土に合わせた軒の深い建物。基壇を高く上げて、湿気から守ろうとする。そんなことは教えてもらってないんです。瓦をつくる技術は向こうの技術を学んだけれども、造り方は、日本の気候風土に合わした建物を一気に造ったと思います。

これは日本人が素晴らしい感覚を持っていて、絶対にサル真似じゃなかったと思います。ちゃんと咀嚼《そしゃく》して、造り上げたと思う。それぐらいの人たちだから、奈良の都も出来たんだと思うんですよ。そういう匠というか、技術はわからなくても、土や石、草木、といった素材にものすごく慣れ親しんだ人がいたから、やっているうちにすぐにヒントを得て出来たんでしょう。ものを動かすこともできたんだと思うんですな。本当にすごいと思いますよ。あれだけの石を動かして。

山田 応用力があったんですね。

小川 創意工夫もありますしね。

山田 正倉院展というものをとってみても、それを感じます。正倉院展というのは終戦直後が第一回目なんです。戦争中に、正倉院が爆撃受けたら壊滅するから、奈良国立博物館に疎開さしたんですよ。幸い爆撃されずに済んだので、せっかくだから一度公開したいと宮内庁へ相談したら、それはいいんじゃないかというので、初めて公開したんですよ。

そうしたら毎日、七千人以上もの人が遠方からはるばる徒歩で来たんです。

小川 それは文化国家やなあ。

山田 それを見た人たちが、みんな自分たちの先祖の文化に感動したっていうんです。こんなすごい技術を持った日本民族が、戦争に負けたぐらいで滅びることはないって、みんな思ったっていうんですね。これが、戦後の日本を支えるのにものすごく強く働いた。だから精神文化というのはやっぱり、物質文化を超えますよ。

小川 自分は大きな建物から修業が始まりました。薬師寺でこのでっかい建物を造らしてもらったことが、ものすごい経験になったんですよね。小さいのを見たら、平気で造れるようになる。その未熟なとき、修業のときに、この大きなものをやらしてもらったというのが最高ですね。奈良時代の大工たちも、ここで勉強したんでしょうな。

山田　奈良で勉強した人たちが、奈良で止まってないで、半分以上は帰っています。それがこんど地方を発展させていくというかたちで、日本という国は広がったんですね。

小川　そのときの指導者は、朝鮮からも来たろうし、中国からも来たろうし。

山田　日本の良さはね、「お前は朝鮮半島から来たから、もの言わへん」とか、「お前は中国大陸の人やからこうや、お前は土着の日本人やから……」とかそういうことを言わずに、わりあい受け入れたんですね。

小川　むしろ尊敬したでしょうね。日本が豊かになった今だからそんなことを言うんです。昔は憧れて、みんな尊敬したと思いますよ。

山田　朝鮮半島の人なんか、非常に高い地位で、日本では受け入れていたでしょう。そうやって奈良の文化が創られたんですな。

そして、白鳳時代には天武天皇、持統天皇というお方がね、非常に仏教を理解できた。それが政治の世界へ反映する、そんな表現をしたのが薬師寺だと、自分は思っているんです。

（対談・了）

薬師寺再建の話

薬師寺は法隆寺と伽藍がまるで違うんです。塔が二つになり、正面に金堂がどんときます。その後ろに大講堂。南大門、中門と入って、中門からは複廊《ふくろう》という二重になった回廊が出ています。今はまだ途中までですが、塔や金堂を囲んで大きく講堂についていたんです。白鳳時代からの建物で残っているのは日本で一番美しい三重塔といわれる東塔だけです。他の建物群は昭和、平成になって復元されてきたものです。

新しい伽藍の棟梁を務めたのが西岡常一です。私が弟子入りを認められて、法輪寺の三重塔にかかっていたときでした。薬師寺さんから迎えに来て、法隆寺と法輪寺さんに相談して、了解を得たので薬師寺に行きました。

西岡棟梁は法隆寺と法輪寺の棟梁だったので、両方のお寺の承諾を得る必要があったんです。かつては宮大工は個人としてフリーではなく、寺に属していました。仕事がないときは田んぼや畑を耕して、毎日寺のまわりを見ながら修理をしたり、いつか来る解体修理のための準備をしていました。

薬師寺の伽藍

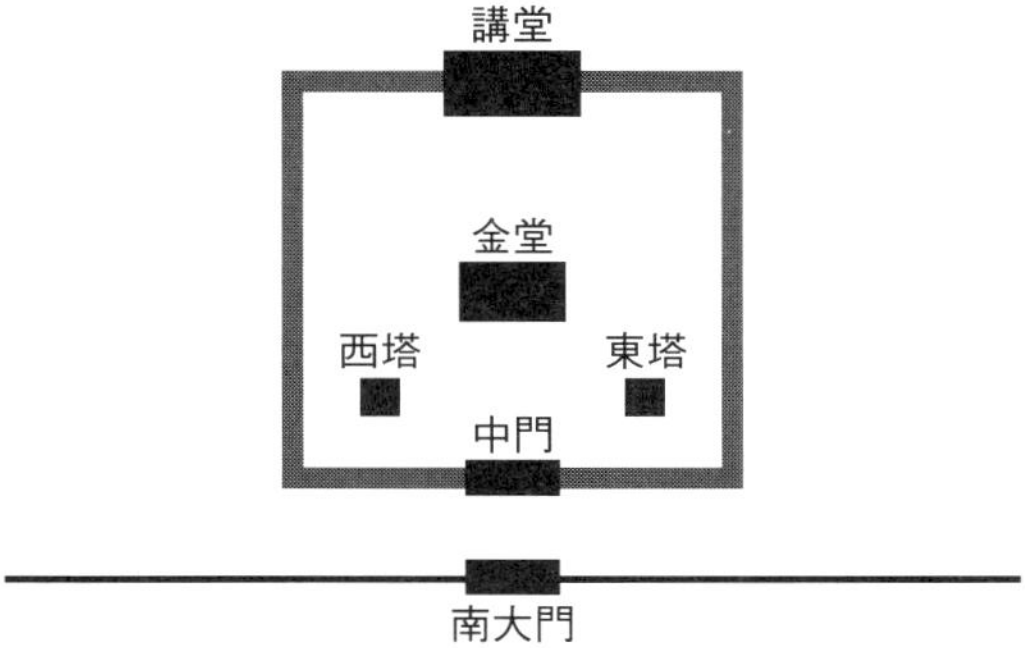

今は文化財や国宝の建物が多いですから、そういうことはなくなりましたが、私が弟子入りした頃はまだそうでした。

西岡棟梁が薬師寺に招かれたときは、金堂を復興させるということでしたが、その後に西塔を復元し、中門、回廊の一部を造って、棟梁が亡くなった後にも大講堂が復元されました。途中に新しい玄奘三蔵院も建てられました。

山田管主さんの話にもありましたが、ほとんどを信者さんの写経勧進で行うというのですから、すばらしいものです。

私も金堂の途中までと、西塔に携わりました。

見ていただければすぐに気付くと思いますが、東塔と西塔はちょっと違って見えます。西塔は東塔を元に復元したものですが、高さも装いも細かなところを見ればさまざま違います。

東塔は白鳳の千三百年前から残ってきたものですが、創建当時のままではないんですね。途中で修理をし、手を加えて残してきたものです。それでも残っただけでも奇跡といえます。

西塔は東塔を調べ、さまざまな調査の結果、出来るだけ創建当時の姿に戻そうとしたものです。ですから違って当然なんです。

東塔の基壇は堆積物が埋《うず》まったりして、創建当時から八十センチほど埋まっています。西にも基壇がありました。心礎の乗った基壇でした。その基壇を崩さずに、保持したまま、上に鉄骨の梁を渡し、元の高さの基壇を造ってその上に塔を建てました。

材料は日本にはなかったので台湾ヒノキを使いました。

それでつくった斗や肘木の部材は大変な数でした。斗だけで西塔は千二百八個です。そうしたものから瓦や金具や、釘、相輪《そうりん》まで加えますと西塔の総重量は六百五十トンほどです。

想定していましたが、瓦の重さで各重の軒も下がると思っていました。初重の軒が三十一ミリ、二重が五十三ミリ、三重が五十ミリ平均に下がりました。平均に下がるというのが大事なんです。偏ったらだめです。それは軒の下がりの数字です。

縮むことは想定して、建てるときに計算に入っています。西岡棟梁はよく言っていました。「二百年経てば、西の塔は東と同じ高さになるから」と。

東塔初層内陣。2010年10月31日まで特別に開扉され、扉の外から内陣を拝観できる。その後は解体修理に入るため、しばらくの間お別れとなる

西塔は他にも三重目の軒の長さや垂木、初重の壁が格子になっているなど、違います。東塔は途中の時代の修理で三重目の軒の出が支えられなくなって、垂木の先端を切り落とし、縮めてあります。初重も補強のために格子から壁に替わっています。そうしたことも西塔は元に戻しました。色も創建当時のものにしてありますので、派手です。それも三十年も経てば、落ち着いてくると西岡棟梁は言っていました。

薬師寺の裳階

薬師寺の建物は金堂も、塔も、裳階があります。

東塔を西岡棟梁と測定したときの数字がありますので、紹介します。

基本は天平尺です。ここも法隆寺と違います。天平尺の一尺は二九六ミリぐらいです。これで本建を測定しますと、斗《ます》の真から真までで、初重は三間《みま》、等間隔で八尺ずつ。二十四尺。

二重は三間等間隔五・六二尺で、一辺が十六・八六尺。

三重は二間で、各間が五尺で十尺。

単純に計算すれば逓減率は、約〇・四二。法隆寺の五重塔よりも大きく減っています。

これに裳階を加えていきますと、初重裳階が五間で、正面三間が八尺、脇の二間が五・八尺

薬師寺三重塔の柱間

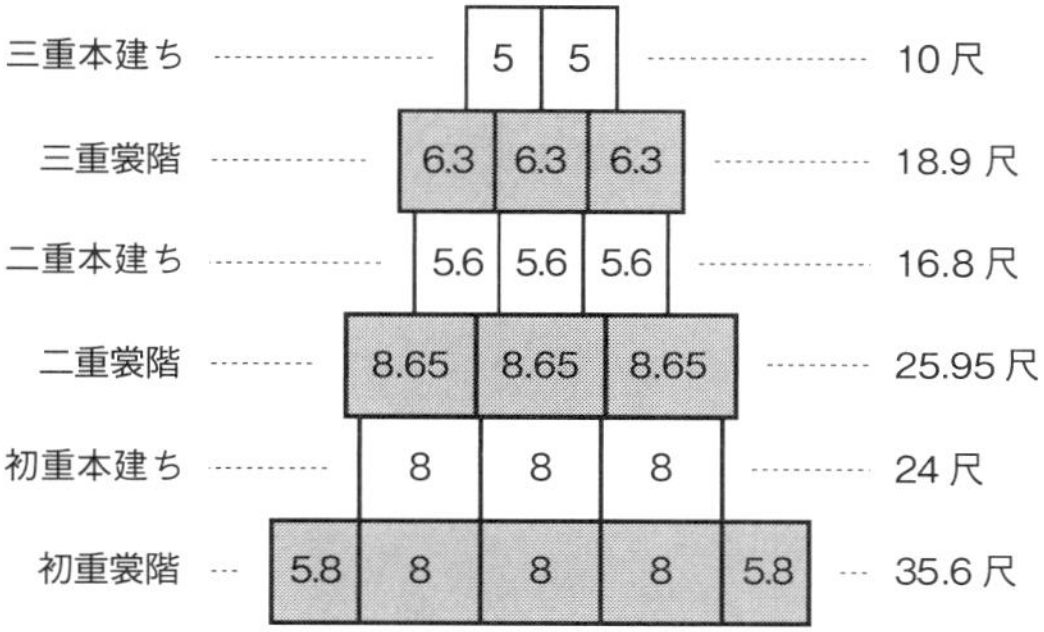

で、三十五・六尺。二重裳階は等間隔三間で、一間が八・六五尺だから二十五・九五尺。

三重裳階も三間で、各六・三尺で十八・九尺。

この裳階を間に挟みますと、図のように三重塔に見事なリズムがうまれているんです。

薬師寺の三重塔の裳階は取っちゃったらひょろーっとしたもんです。それを高さを変えずに、裳階を付けてしっかり安定させたんです。それも極めて美しいものに。

大きな伽藍を造って三重塔でいくとなると、柱は高くなる。高くなれば不安定だから、裳階というものを造って形を整えたんじゃないでしょうか。ですから薬師寺の三重塔は完全に最初から裳階を考えていたんです。

描くときにひょろ長い三重塔に裳階付けたっていうんじゃなくて、もうちゃんと下から裳階が付いて二重目の本建ちの高さはこれだけ。それで裳階付けて三重目の本建ちの高さはこれだけっていうふうに。

すばらしいデザインの力

法隆寺の五重塔より高いんですから、こちらのほうが。

西岡棟梁が教えてくれたのは、金堂と東と西の塔を倒せば現在燈籠があるところで三つの天辺が一致するって。ですから、伽藍を造るときに、金堂の高さとか塔の高さとか、もう全体像が出来上がっていたんでしょう。

薬師寺がここに伽藍を造るときに、平城京の条里に入って、これだけの面積だと決まったとき、このぐらいの金堂を造ろう、その前に二つの塔を並べて置こうと。その時に決まったんじゃないでしょうか。

なぜ五重塔にしなかったのかは私にはわかりません。五重塔だったらあの高さまでいきますから。それを三重塔でやった。そこに裳階という発想があったんでしょうね。

その前に、他のお寺で裳階のある塔はないんです。

ということは裳階っていう発想が一番早く入ったのは、歴史はわかりませんが、薬師寺だっ

西塔再建のための調査以来、久しぶりに東塔に上った著者。法隆寺の部材に比べれば小さいが、それでもかなりの大きさであることが見てとれる

たのではないでしょうか。中国にはあるのか、わかりませんが、すばらしい発想ですね。

どこかの三重塔が池に映って、それを見ていたら水紋ができてあのようになった、それがヒントだなんて、そういうふうな言い方をした人もいるって、西岡棟梁が冗談ふうに話してくれたことがありましたね。水紋が広がっていく、三重塔がわんわーんとなったら六重にぱっとこう見えたって。しかしあれだけのデザインをできたというのはすごい人だと思いますね。

何もないところから考えたんでしょうから。

私たちは二つの塔と金堂を大池越しに見ることができます。造った人は、あの景色が頭に浮かんでたんでしょうからね。それはやっぱりすごい人だと思います。

寺の空間

唐招提寺を歩いてきてから薬師寺に行くと、ここの伽藍はずいぶん整理された人工的な空間だと思いますね。木も一本も生えてないいし、自然がつくる静寂もない。苔生《こけむ》した林もない、鳥の声も聞こえない。

唐招提寺には森があるし、高低差もある。今の日本人の感覚からすれば、ああいうものがいいし、勉強、修行の場所じゃないかと思うかもしれないけれど、昔の姿はああいうもんじゃなかったと思います。

お寺の姿というのはきちんとした伽藍で、中門からなかは聖なる場所で、普通は人は入らない。厳かなものだったんじゃないですかね。

きちっと造って、伽藍の中になんかやっぱり木一本、草も植えなくて、きちっとし整然としていたんじゃないでしょうか。それが、仏教の庭だと思います。

背景はなくては困りますが、伽藍の中にはないほうがいい。何もなくて、感銘を与えるように造ってあるのが本来の伽藍でしょうね。

だから完全に人工的なものでいいんですよ。

山全体を、山一つ神様にしたり、参道を長くして、それでだんだん歩いてるうちに厳かになるような山の寺があるけれども、平城京という大きな都市の中に置いたものは、そうではなかったと思いますね。

薬師寺のやさしさ

薬師寺を見て、法隆寺と比べると、見た目で一番違うのは女性的な感じがするということです。法隆寺は男性的、薬師寺はやさしさがあります。時代のことも、造られた目的も発願者の意図もあったとは思いますが、そういう印象をもちます。

それと法隆寺の基壇と薬師寺の基壇の高さが違います。法隆寺のほうが高いし、二重の基壇です。薬師寺は一重です。

建物を比べてみるときは、材木のことも考えなければならないんです。柱でも板でも、割ってつくったんですから、相当な材料を必要としたんです。たった七十年で法隆寺から薬師寺の造営ですから、急激に大きな木はなくなっているんですね。法隆寺でも、金堂より塔のほうが建築としては難しい。しかし材木は悪くなっているんです。それだけ、材に頼らずに、技術で補っていった。腕が上がってくるんです。

大きい木がなくなってくるから塔のほうが材が悪い。それと同じで、奈良の都をつくるなんていったときは、相当な材料を使ったから、大きな材はほとんどなくなってきてたのでしょう。それで前の藤原京にあった薬師寺の材を持ってきたんでしょう。宮上茂隆さんが言うのには、向こうから塔を一つ持ってきて、本建ちと裳階に分けたんだと。

それはどういうところからわかるかっていうと、微妙に裳階と本建ちの寸法が違うんです。そこでそうじゃないかと推測したんでしょうな。その微妙な差は私も西岡棟梁と一緒に調査したときのメモを残してあります。それを見ればわかりますが、私達にはわからないほどの差です。

そのことも、大きな木がなくなったから、工夫しなくちゃできなくなってきたっていうことです。

法隆寺では大きな木があったから、雲肘木《くもひじき》のようなものを使っていたし、垂木にしても一軒《ひとのき》で出していました。薬師寺では技術が発達したこともあるし、材が少なくなったこともあって、垂木を地垂木《じだるき》と飛檐《ひえん》垂木の二軒《ふたのき》にしています。そういうふうに組み物や木の使い方、考え方が大きく変わってきています。それがやさしさを生み出す一つの要因にもなっていますね。

BUNSHUN
SHINSHO
文藝春秋

文春新書

雲肘木から三手先組みへ

法隆寺の雲肘木を無垢の一枚板でつくったのは、もちろん上からの荷重に耐えるため、深く出した軒を支えるためだったでしょう。

そこらがまだまだ原始的な考えの構造です。重さに耐えるために柱も部材も大きくした。それが素朴だけれども構造の美しさになって見えるんです。昔の人もそれを考えていたと思いますね。ただ大きいだけでは美しくないし、建物が重すぎてしまうというのも知っていたからこそ肘木の笹繰《ささぐり》や、雲肘木のような意匠、胴張りを柱に使うなど工夫を凝らしたんです。軒の反りや屋根の曲線でもそうだと思います。

しかし、後の時代は大きな材がないので法隆寺の雲肘木のようなものはできない。考えて、斗と肘木で持ち送りをする、三手先《みてさき》というふうにしたんです。太い木がなくなって、新しい技術が工夫されたわけです。

法隆寺では一本の太い角の垂木が奥から出ていましたが、薬師寺になると二段の垂木の組み合わせになっています。奥から地垂木という丸材の垂木が出てきて、途中から飛檐垂木が軒まで出ています。これを二軒《ふたのき》といいます。これも飛鳥の建物にはなかった変化です。

心柱は二本継ぎで、心礎は法起寺と同じように基壇の上に置かれています。

丸柱は法隆寺の力強かった胴張りよりも膨らみが少なく、上部で細まる姿に変わっています。そして皿斗《さらと》もなくなります。大きな木が少なくなった分、力の分散を斗や肘木の使い方で処理しています。

この時代の後は、こうした三手先や二軒が多くなります。

初重裳階は隅の柱が僅かに長く、内側に僅かにですが「転ぶ」といいますが気付かぬ程度に傾き、軟らかな曲線や、安定感を出しています。これは東塔では気付きにくいことですが、西の塔では創建当時の細やかな配慮がよく見えます。

肘木の腕に当たる部分に笹繰を取り、曲線を軟らかにしてますが、それは真っ直ぐな材よりはしなやかな強さに見えますし、「舌《ぜつ》」という構造には関係ない装飾を肘木の下に付けることで美しさにこだわるなど、軽さ、たおやかさで日本で一番美しいと言われる三重塔を築き上げています。

法隆寺の構造の美しさから、細い材を上手に使った洗練された美しさに変化し、それが音楽といわれる美しさをうんだのです。

薬師寺東塔の軒構造

尾垂木《おだるき》
丸桁《がんぎょう》（出桁）
地垂木《じだるき》
秤肘木《はかりひじき》
力肘木《ちからひじき》
軒天井《のきてんじょう》
斗《ます》
舌《ぜつ》
笹繰《ささぐり》
枠肘木《わくひじき》
小斗《しょうと》
通肘木《とおりひじき》
大斗《だいと》
台輪《だいわ》

5

唐招提寺《とうしょうだいじ》

国宝・金堂、講堂、舎利殿、経蔵、宝蔵、鑑真和上坐像、盧舎那仏坐像、薬師如来立像、千手観音立像、梵天・帝釈天立像、四天王立像、舎利容器など
重文・礼堂、御影堂、弥勒如来坐像、持国天立像、増長天立像、釈迦如来立像、日供舎利塔など

鑑真の精神を伝える寺

天平宝字三（七五九）年に鑑真和上が東大寺で五年を過ごした後、新田部《にたべ》親王の旧宅を下賜され、戒律を学ぶための道場を開いたのが始まり。当初は講堂や新田部親王旧宅を改造した経蔵、宝蔵などがあるだけであった。国宝・講堂は平城京の東朝集殿《ひがしちょうしゅうでん》を移築・改造した建物で、現存唯一の奈良時代宮殿建築であるが、鎌倉期に大きく改造を受けている。

その後、鑑真和上の弟子・如宝の尽力で八世紀後半に金堂が完成する。仏の住まいであり寺の中心である金堂が、なぜ鑑真和上の死後になってから造られたのか。鑑真和上がこ

の寺を修行第一の場と考えていたからではないかと言われている。

国宝・金堂はこれまで平安、鎌倉、元禄、明治、そして平成と大修理を受けている。元禄の修理で屋根を二・八メートルほど高くして勾配を急にし、雨漏りしにくい構造とし、柱と柱の間に貫を入れて強度を増す工夫などが施されている。

それ以外にも見るべき堂宇は多く、鎌倉期建立の国宝・舎利殿、礼堂、江戸期の寝殿造りである御影堂《みえいどう》などがある。

しかし、唐招提寺を訪れたならば見学し忘れてならないのは、鑑真和上の墓所である開山御廟《ごびょう》と戒壇だろう。鑑真和上が造った戒律を学ぶ場、というのがこの寺の原点である。御影堂には国宝・鑑真和上坐像も安置されている。

仏像では、金堂の本尊・盧舎那仏坐像をはじめ、薬師如来像、千手観音立像、梵天・帝釈天立像、四天王立像といった国宝の名品が揃っている。

所在地・アクセス
奈良市五条町一三—四六
近鉄西ノ京駅より徒歩十分

南大門をくぐると、その先に金堂が見える。建物は様々な工夫を凝らすことで、独特の魅力を生み出している。境内は緑豊かで、空気が心地よい

南大門から

唐招提寺は南大門から入ると正面にどんと金堂があります。

この南大門は昭和三十五年の復元だそうです。

この場所は天武天皇の皇子新田部親王の邸宅があったところを賜って、鑑真和上が仏教を学び、修行する人たちのために建てたものです。

そういう事情があるのかも知れませんが、ここはちょっと変わった伽藍配置で、塔が回廊の外に出てるんですね。

法隆寺では五重塔は金堂と並んでました。

薬師寺では金堂の前に二つ並び、正面は金堂です。そこからそんなに時間が経たない天平時代に、塔の扱いが変わってきます。塔よりも金堂が大事にされ、塔の扱いが下がります。それが伽藍配置に出てきました。鑑真和上を招き戒壇院を作った東大寺でも百メートルという信じられない高さの七重塔を二つ造りましたが、やっぱり回廊の外でした。

唐招提寺も、今はないけれどもかつては中門があって、そこから回廊が出て、金堂に繋がっていたんです。

唐招提寺の伽藍・創建当時

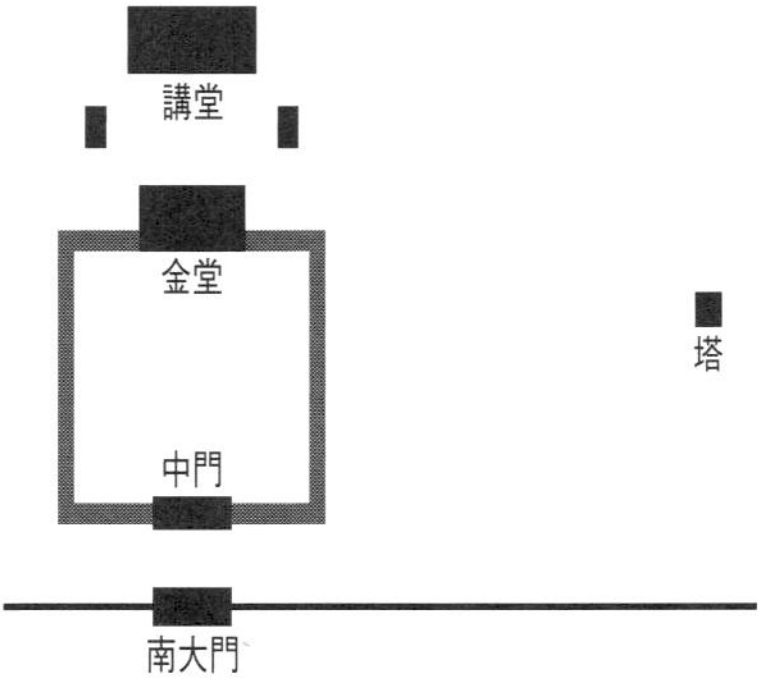

講堂は回廊の外、金堂の北ですし、塔は回廊からずっと東に外れていたそうです。その跡が残っています。

これまで見てきた法隆寺や法起寺の伽藍とは違いますし、薬師寺とも違います。

しかし、今はその中門も回廊もなく、南大門を入ると砂利を敷かれた広い庭の正面にいきなり金堂が現れます。どきっとしますね。立ちつくすというか、歩みを進めるのをためらわせるものがあります。

まわりは木立だから、金堂と対峙させられるといいますか、襟を正されるようなきりっとしたものがあります。

裏に講堂があることも、他の建物群があることも感じさせず、正面に金堂があるだけですから。それも奥行きがどれほどあるかも窺わせない真正面の堂々とした、安定感のある姿です。

入門した場所は一寸高めの場所ですから、視線が高いせいもありますが、二つの鴟尾《しび》を乗せた大きな屋根が目に付きます。

横幅の広い建物ですな。

正面が七間ありますが、まず屋根が目に飛び込んできます。

上層がありません。単層の、平たくいえば平屋の建物です。法隆寺も薬師寺も重層の、裳階を持つ建物だったのに対して、実にシンプルです。

屋根の形も違います。他が官寺だったのに対し、鑑真和上という個人の寺だったこともあるかもしれません。

法隆寺、薬師寺が入母屋《いりもや》という形だったのに、唐招提寺は寄せ棟造りです。昔は入母屋の方が格が高かったのです。

正面から見れば、入母屋造りは降《くだ》り棟や、隅棟という棟瓦が目に入りますが、寄せ棟は実に単純過ぎるほどシンプルで、鳥の翼のような反りを持った台形をしています。本瓦葺きの屋根は皆そうですが、丸瓦が作り出す棟から降りてくる平行な線が凹凸を持った縞模様を作ります。

日が照っていれば、丸瓦の列は影を伴って白く輝き、雨の日はしっとり濡れて美しいものです。

屋根の形式

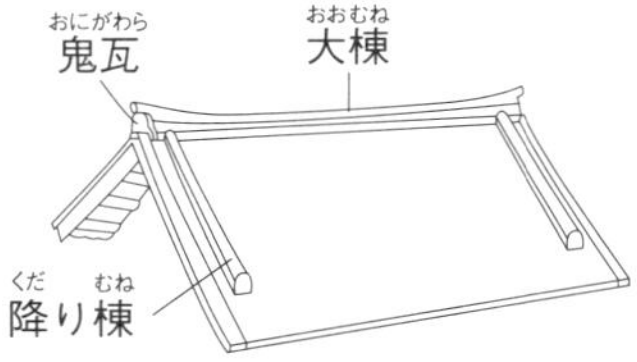

切妻造《きりづまづく》り

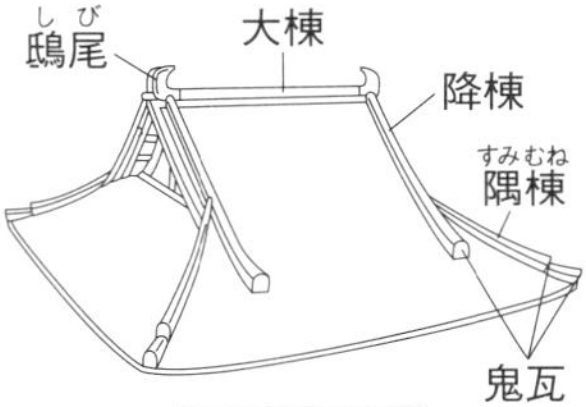

入母屋造《いりもやづく》り

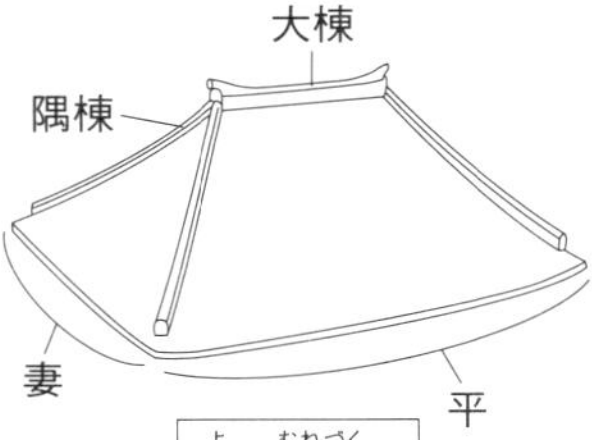

寄《よ》せ棟造《むねづく》り

今の屋根は江戸時代の修理で二・八メートル高くなってるんです。ですから創建当時はもっとのんびりした緩い勾配だったんです。

私達から見たら、これよりのろかったらなんとなく屋根らしくないのと、雨仕舞いが悪かったはずです。勾配が緩いというのはそれだけ雨の処理が悪い、流れづらく湿気が溜まるということです。雨漏りがあったんでしょう。それでこういうふうに棟をあげたんですね。古い時代の建物には勾配の緩いものが多く、雨の処理に難儀したんです。

それには軒を長く出すんですが、重い瓦屋根をどう支えるか、その処理や一軒《ひとのき》の垂木、道具や技術の未熟さがあったせいもあります。

それにしても両脇の軒のせり出しが大きく飛び出して優雅に反ってますね。

それと意外なことに、正面は壁がほとんどありません。正面の三間の蔀戸《しとみど》を全開すれば、真ん中に本尊の盧舎那仏坐像、左に千手観音立像、右に薬師如来立像が見えるようになっているんです。そのために造られた金堂でもあるんですね。

屋根の曲線

大棟の反りがもうすこしこう柔らかく真ん中がへこんでるというのもあってもいい気がします。それが少ないせいで屋根がちょっと重い感じがするのかもしれません。棟から軒先に沿ってはいい曲線だと思いますね。

屋根反りは縄ダルミみたいな曲線がいいんです。棟に立って縄の端を持つ。それで軒でそれを受けて持ちますと、縄が美しい曲線をつくります。それが縄ダルミです。その縄ダルミというのは自然な反りですよ。

地面に立って持てば縄は真ん中がへこむんですが、屋根だと、上の方は真っ直ぐに近いんです。重力と縄の重さがあって、真ん中より下の方で曲線が強くなります。

ですから、縄ダルミでも勾配によって違うんです。石垣なんかだと鎖でやるという話です。鎖は重たいから下の方ほどカーブが強くなるんでしょうね。だから鎖の方が強い線が出ます。上は真っ直ぐに近くて裾に来てさっと反る。だらっとした曲線だったら屋根でも何でも格好悪いものです。メリハリを付けて、どっかで強さを感じさせるものでなくてはだめです。どこかに力点をつくるんです。柔らかさだけではだめなんです。

反りの曲線というのは屋根の勾配によって違うカーブになります。どれぐらい弛ませて、上げるか。その勾配は雨漏りのことも含めて、そう柔らかくしておくわけにもいかないのです。私が入門してきた弟子に刃物を研げとうるさく言うのは、そういうこととも関係があるんです。

刃物が切れなければ材には触らせられませんが、縄ダルミや鎖でもいいんですが、自分が思い描く曲線が頭に浮かんでも、大工はそれを実際のものにしなくてはなりません。絵に描くだけなら出来るかも知れないけれども、それを実際の建物の、あの大きな屋根で実現しなくてはならないのです。

どうするかといいましたら、原寸図というのを描くんです。ベニヤ板を並べまして、そこに図面から拡大して実際の屋根の曲線を描きます。その時に自分の頭に描いた曲線を描き、その形の定規を作るんですが、修正するのにはよく研いだ刃物で作ります。最後は刃物の鋭さ、切れ味が作る曲線が命なんです。だから刃物が切れない大工は自分の信ずる曲線は作れないということになります。西岡棟梁も仕事を見ながら、もうひと鉋《かんな》、もうひと鉋と言いました。ほんのわずかな紙より薄い削りを要求したんです。そういう繊細な曲線を作れなくては、美しさを実現できないんです。

ここらがデザイナーと私たち大工の作る線の違いかも知れません。もちろん天平の昔には図面で描いてみせるのではなく、私らのように「もうひと削り」とやったんじゃないでしょうか。

金堂はいつまで見ていてもいろんなことを考えさせてくれますが、歩き出してみましょうか、姿が変わって見えてきますから。

建造物は見る位置、見上げる角度によってさまざまな表情を見せるものです。

見事な円柱群

近づけば、思ったより円柱が太く、高さがあることに気が付きます。

長押《なげし》の上が白壁で、真ん中に長い通し肘木が入っています。間に間斗束《けんとづか》が入っていますが、それが長いという感じがあります。

金堂の正面最前列に並ぶ円柱群。見事に美しい空間をつくり出している。柱の太さが印象的だ。極端に壁の少ない構造を可能にしている主役である

遠くで見たときの横長の安定したイメージより、そばで見ますと縦に細いという感じがあります。それから柱や部材がみんな太いですね。近づくとそう感じます。

太い柱の上が丸めてあります。「粽《ちまき》」と言ってスッと丸めてある。外国の石造り、パルテノン神殿なんかの柱も丸めてあるんじゃないですか。そうしなかったら欠けますからね。そういう名残かもしれません。それとずどんとした感じをさせないためもあるでしょう。

近づくと軒の下の支輪《しりん》が見えてきて、また感じが変わりますね。

意外に軒先が反っておらず、隅で少し反っている。水平の広がりを見せていますね。

大棟もほとんど真っ直ぐに感じますね。

かなり近くまで来ても大棟が見えます。やっぱ

り屋根勾配がきついんでしょう。垂木も太い。この太さがあるから、深い軒が持っているんですね。

ここの柱群はいいですなあ。開放的で、威厳があって、安心感があります。軒がこんなに美しいひろがりと空間を作っているのは素晴しい。

正面から見てるときにはわからないけど、この軒下に来てみるといい空間だと思います。基壇の上に、太くがっしり組み上げられて並んだ柱が八本、そこに架けられたやわらかな曲線の虹梁《こうりょう》で、懐深くつくられてますな。光がやわらかに感じます。

長い年月で年輪が浮き上がった柱がしっかり礎石に乗ってます。ここの基壇は三和土《たたき》です。粘土と、石灰とにがりを叩いて固めたものが三和土です。

柱の並びが遠近感を生み出すんですね。

正面の柱割りは、正面三中央が広く、その両脇が少し狭く、両端の格子の部分が狭まってます。天平尺で言うと、真ん中は十六尺、順に十五、十三、十一尺となっています。

この柱割りは隅を丈夫にというのもあるし、広がりを感じさせて安定感を増すようにしてあるんですね。（次頁の図）

唐招提寺金堂正面の柱間

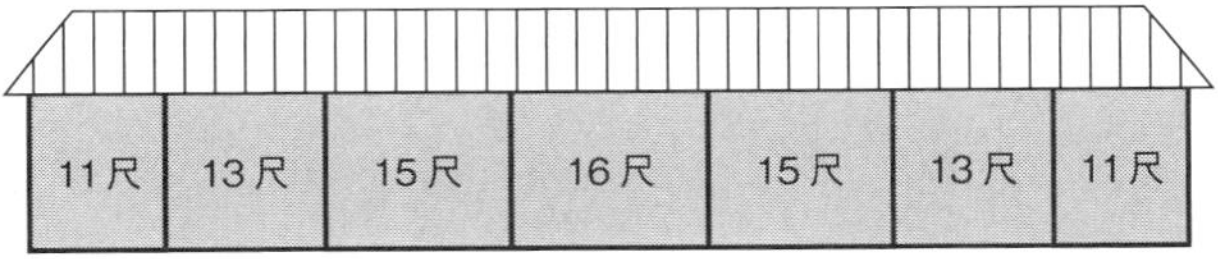

組み物の見方を模型で解説

柱の上の組み物は三手先という薬師寺の組み方と同じ物です。

この組み方はそれほど太い部材を使わずに肘木と斗、尾垂《おだる》木《き》などを三段に組み合わせて深い軒の出を支える仕組みです。唐招提寺の五分の一模型を作ってみましたから、それを見て柱や軒、垂木、隅木、尾垂木などがどうなっているのか見てください。(次頁写真)

唐招提寺ぐらいの時代になるとだいたい柱の上は三手先で決まってきます。

肘木は笹繰《ささぐり》してありますよね。肘木のカーブもいい感じですね。

唐招提寺は興福寺などと比べると尾垂木がやさしく感じる

唐招提寺金堂の三手先構造

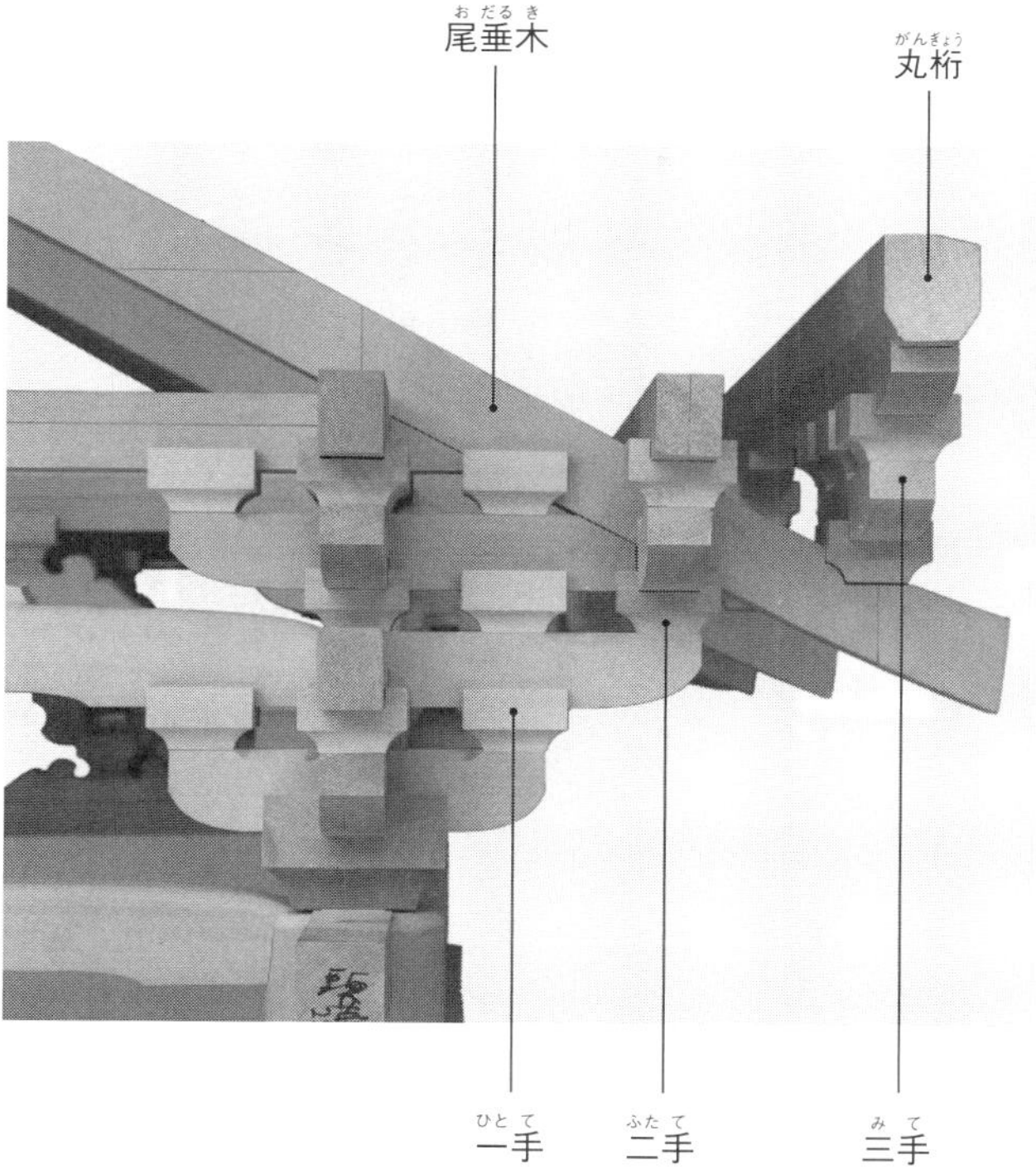

唐招提寺金堂の軒構造

唐招提寺金堂の軒構造

飛檐垂木《ひえんだるき》
地垂木《ぢだるき》
茅負い
木負い
丸桁《がんぎょう》
組入天井《くみいれてんじょう》
軒支輪《のきしりん》
蟇股《かえるまた》
尾垂木《おだるき》
虹梁《こうりょう》
側柱《がわばしら》
繋虹梁《つなぎこうりょう》
入側柱《いりがわばしら》

でしょう。下側に丸みを持たせ、ちょっと反りがあるからです。まろやかに感じるんですね。全体にそう感じさせるように細部まで気を配ってあります。

建造物というと大きな形を想像しがちですが、全体像からだけでなく、小さな部材の集合としても印象を生み出していますから、自分たちが寺を建てるときでもかなりそうしたことに気を遣っているんです。

垂木の下にあるのが丸桁《がんぎょう》です。通常は字の通りに丸い桁ですが、丸でないのもあります。これはいろんな点で丸の方がいいんです。地円飛角《じえんひかく》で地垂木《ぢだるき》が丸だと、丸桁との接点は一点にピッと止まりますから。

地垂木が丸なのは中国から来たものらしいですが、向こうは芯持ち材だそうです。日本はわざわざ四つ割りにして作ってから丸にしてます。

垂木も作って並べる時に、反ってるものは端っこ、反ってないのは真ん中と選んでいきます。

地垂木と飛檐垂木

地垂木と飛檐垂木《ひえんだるき》の出方と、その役目、構造をしってもらうためには写真を見てもらうといいですね。

写真では先端部分ですが、地垂木は丈夫で、太く、大変な数がありますので屋根を支えるだけではなく、建物の歪《ゆが》みやひずみを起こさせない役目も果たしています。

並んで打ち付けられた地垂木の先端上に「木負い」が乗ります。両端の隅木から隅木までの長い部材です。一本では通せませんので何本か継ぎ合わせてあります。

その木負いの上端には飛檐垂木を乗せるための受けの凹みが刻まれています。

この上に飛檐垂木を地垂木と同じ数だけ打ち付け、しっかり固定します。こうして長い軒の出が決まります。

飛檐垂木の先端上部には「茅負い」という部材が取り付けられます。これが反り上がり、屋根そのものの基本の形を決めているのです。

唐招提寺の飛檐垂木は先端に反って、緩くカーブを入れた形に削ってあります。

地垂木、飛檐垂木が整然と並び、深い軒を支え、美を構成していますね。やっぱり大した軒です。

素朴だけど骨の通った、毅然としたところがありますな。

独特の構造美

正面から見て七間ある金堂も、側面に行くと四間しかありません。そのうち南の一間は壁のない開放です。一列目は大円柱列だから残るは三間。大きく外に張り出した屋根を支えるには奥行きが少ない感じです。法隆寺金堂は五間の四間でほぼ真四角形に近いし、二層ということもありましたが入母屋造りでしたから、妻側に飾りがあり強い屋根反りがあります。

そこへいくとここは寄せ棟造りですから、細い胴に大きな三角の屋根という、正面から見たバランスのよい安定とは少々違う感じを持ちます。

裏（北側）から見てもそうなのですが、この金堂には広い面積の壁がありません。東も西も連子格子《れんじごうし》。北は扉を真ん中に六間が格子です。

同じような形の興福寺・東金堂《とうこんどう》は一列目の円柱列両側にがっしりと白壁がはまっています。壁は大事な構造物です。その構造を取り払って、開放感を維持するためには、太すぎるほどの柱が必要だったとうなずけます。

壁の中には左右の柱を固定する貫が入っているものですが、それもない。だから柱の太さで持たせているんですね。柱の太さがないとこういう安定はでないですよ。

柱の太さで構造の力を出すんですが、それが野暮になったりせずに、美しさになっているんですから、すばらしいものです。

正面東西の深い軒の出を見ればわかりますが、これを支えるのは大変なことです。

講堂は金堂のすぐ後ろに建つ。平城宮の東朝集殿を賜り改造したものだが、鎌倉期に大きな改造を受けている。金堂と比べながら見ると、面白い

それを側面から見ることで改めて感じますな。

講堂

後ろの講堂は、鑑真和上が唐招提寺設立にあたって平城宮にあった東朝集殿堂を賜ったものを改造したものらしいです。入母屋造りですね。

この当時、建物をもらうというのは大変なことだったんだと思いますね。山の木をもらっても、道具がなかったあの時代は運び出して加工するだけでも手間と時間のかかる話です。それが、建物になっているというのは解体して、運んで組み上げればいい。それも大きな建物となれば、大きな部材がいるからなおさら、ありがたいことだったと思いますね。

ここも白壁のない建物ですね。みんな連子格子

です。

この金堂と講堂に挟まれた空間は、両方の建物が見られるおもしろい空間ですね。

講堂はあんまり柱間《はしらま》の差が目立たないですね。それで上の壁に通り肘木を通さずに間斗束一本ですね。

地垂木は真っ直ぐだけど、上の飛檐垂木の方は先を細くしてカーブをつけてあります。最初は貫ってきたのは下の方だけで、屋根の方は恐らく自分たちでやったんじゃないでしょうか。屋根部分と下部分の材にはずいぶん差があります。柱から上は普請が素朴です。反りもないし。

こっちは軒の出が短いんです。建造物としては金堂の方がかなり質が高いですね。

金堂にはお釈迦様が入っていて、講堂は人間が入るからですかね。柱の太さが全然違いますからね。

第三章

奈良公園周辺

東大寺
興福寺
元興寺
十輪院

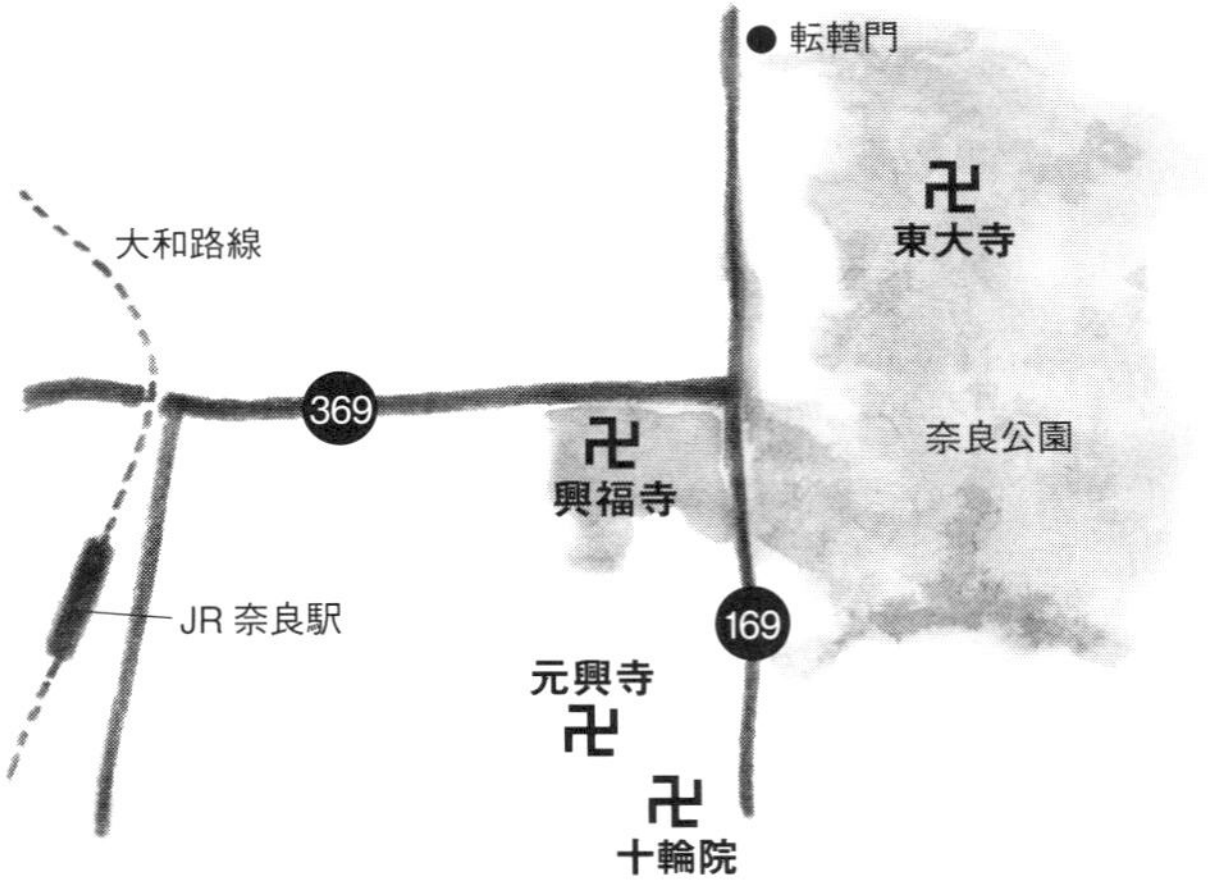

転害門
大和路線
東大寺
369
興福寺
奈良公園
JR 奈良駅
169
元興寺
十輪院

6

東大寺《とうだいじ》

国宝・大仏殿、三月堂（法華堂）、二月堂、南大門、転害門、開山堂、鐘楼、本坊経庫、金銅八角燈籠、盧舎那仏坐像、金剛力士立像、不空羂索観音立像、日光・月光菩薩立像、四天王立像など

古人《いにしえびと》の「根性」が造り上げた巨大寺院

　聖武天皇が若くして死んだ皇太子・基《もとい》親王を弔うために神亀五（七二八）年に建立した金鐘山寺《きんしようさんじ》が東大寺の起源とされる。天平十三（七四一）年に国分寺建立の詔《みことのり》が発せられ、大和国の国分寺となる。七四三年、聖武天皇が大仏造立の詔を発し、平城遷都後の七五二年に開眼供養が行われた。

　その後も大仏殿をはじめとする七堂伽藍の造営が続けられ、七八九年に一応の完成を見た。その威容は凄まじく、特に東西二つの七重塔は高さ約百メートルと巨大で、これは近

隣の興福寺五重塔の倍近い高さであった。

だが、この国家鎮護の大寺院は幾多の災難を被ってきた。地震、落雷による倒壊や焼失、さらに平安末期の平重衡《たいらのしげひら》による南都焼き討ち、戦国期には三好・松永の兵乱により多くの堂塔を焼失した。

現在、創建以来残っている堂宇は、転害門《てがいもん》、三月堂（法華堂）などわずかである。鎌倉期に重源《ちょうげん》が東大寺を復興した際の遺構は南大門、そして元禄期の再建が大仏殿である。

創建から二度にわたって焼失・再建された大仏殿は、元禄再建の際には資金難で創建当初の三分の二の大きさでしか造ることが出来なかった。それでも世界最大級の木造建築であるのだから、当初の大仏殿がいかに破格の大きさであったかが偲ばれる。再建の際には材木の調達に困難をきたし、それを補うための構造上の苦労の跡を見ることが出来る。

仏像は大仏以外にも数多くの名作を所蔵している。ゆっくり時間をかけて見学したい。

所在地・アクセス

奈良市雑司町四〇六―一

近鉄奈良駅より市内循環バス「大仏殿春日大社前」下車、徒歩五分

とにかくでかい、東大寺大仏殿。創建当時はこの約1.5倍の大きさというから驚く。著者曰く「これは技術ではないよ、根性や！」

南大門

東大寺南大門。大きいですなあ。これは鎌倉時代です。天竺様《てんじくよう》ですね。

正面から見たら二層の屋根がありますね。ほとんど同じ大きさの屋根です。ですが下からのぞき見ればわかりますが、柱は通し柱で小屋裏まで届いています。外側が二層になってるだけなんです。

大きな材料はもうなくなったんで、「挿肘木《さしひじき》」っていう方法で大きな物を建てるようになったんです。

挿肘木。ドンドンドンドンと肘木を柱に挿し込んで、斗《ます》を持ちだしてますね。横には一切持ち出しがない。手前の軒のためだけの持ち出しです。大きな材料は柱ぐらいです。

この柱は明治の時に修理したんですな。その時もこの柱は倒せなかったらしいです。重くて、一度倒したら上げられないだろうということで、立ったまんま修理をし、鉄板で輪をはめて補強したそうです。

挿肘木っていうのは横から見たら、肘木が何段にもわたって持ち送りをしてる形が見えますが、正面から見たら何にも見えませんでしょ。

東大寺南大門。鎌倉時代に重源が再建した建物のうち、今日まで唯一残った遺構である。その巨大さは、他寺をはるかに圧倒している

南大門の軒を下から見上げる。挿肘木という他の寺に比べて単純な構造で出来ている。大きいが故にこの方法しかなかったのだという

全体を見ても柱を除けば、材はそんな大きな物はないですね。細いもので、こうした大きな構造を造る方法が挿肘木です。

この柱は直径で二尺八寸ぐらいありますかね。一メートル近いと思いますよ。これが十八本。一本の通し柱です。これならわかりますね。動かないですよ。下の屋根は途中で庇みたいなの作っただけで、単純なものです。屋根裏の垂木《たるき》まで、飛貫が横切るだけでみな見えます。高いですなあ。

屋根までが二十五・四六メートルですか、それなら柱も二十メートルはどれも超えるでしょう。

縦は柱。柱同士は貫《ぬき》と、挿肘木で支えられています。

挿肘木に来てる横物は通り肘木。通り肘木がボオンボオンと二本、ただ入ってるだけで横の繋ぎです。

柱に幾つも巻かれた鉄の輪は、あの挿肘木がずうっと同じ列に挿してありますので弱くなっていくから割れ予防の補強です。

挿肘木は六段も七段も同じ方向に穴を開けて挿し込んでいるからやっぱり弱くなります。間が狭いですからね。それを補強するんで巻いたんでしょう。

柱もあの頃は背割りなんかないです。あれは最近の話だから。昔はないんです。割れますよ。

南大門の構造。巨大な柱に、同じ方向から貫が幾重にも挿し込まれている。補強のため、柱に鉄の輪が巻きつけられているのが見える

芯持ちですから。それが一回割れて縮むんです。芯まで乾けば一回り小さくなるけど、割れがふさがってしまうんです。

宮大工に必要な覚悟

この建物でこの高さ、造る側から見てどう思うかですか？

恐くはないですね。これはとっても安心した建物ですよ。柱を立てて、貫さえ入れてしまえば、もう柱同士が固まるから絶対倒れません。これだったらひとつも恐くないし、一番楽な造り方ですな。垂木も一本のまんまで上からズボンと来ているだけです。一軒《ひとのき》の垂木です。

これでいいのなら、なんでこの時代になるまでこういう単純な組み方をしなかったのか？そう聞かれますが、大きな木材が少なくなってきたのです。

それにこんなに大きな柱に真っ直ぐ穴を開けるというのは大変な労力です。それだけの道具が出来てきたから、初めて穴を開け、反対側まで通すことが出来たんです。道具がなければ抜けないですよ。単純だけど、正確で深い穴を抜き通す、これはその前の時代では難しいですね。大変なことです。

ずい分前ですが、ここで柱を見ていた時に、向こうから茶髪の学生がひとり両脇にボディガードの先生を連れて歩いてきたんですな。やんちゃな格好でね。おおっ、元気のいいのがいるなと思ったら、その学生はいきなりこの柱に抱きつきました。この柱の力強さがわかったんでしょうな。他の生徒は何もしないで、運慶だ、快慶だって言って通っていきました。

私なら、この柱に抱きついた子がうちに弟子入りしたいって言えば入れましたね。大人ふたりで手が回らないほどの柱の力や大きさに感じる心がないと、ものをつくる心は生まれてこないです。

法輪寺の三重塔の扉、あれは一枚板です。あれを長い材から切らせたときも、一人の大工はなかなか手を出しませんでした。間違えたら怖いというのもありますが、大きな木はそれだけの命が蓄えられてますから、やっぱりためらったり、心を動かされます。

それは何棟やってきても同じです。昔の大工だってそうだったと思いますよ。それをふっつって作業に入るんです。覚悟ですね。そういうものを感じとれないといい大工にはなれません。

ですから貫を通す穴一つでも大変です。難しい道具じゃないんですよ。あの直径一メートルを真っ直ぐ彫る長い鑿《のみ》があれば、それでダンダンダン叩く他ないですから。

昔はその作業は生木でやったでしょうね。乾燥した木だったら、穴を彫るだけでも大変です。動かすこともままならないんです。

私なら、水に浮かべてやることを考えたかも知れませんね。動かすのが大変だから。

大工は建物を見ると、重機無し、電動工具無しなら、どうするかって考えます。生木で穴を掘って、貫を入れたら、今度は乾燥して締まります。硬くなって強くなっていくんです。

しかし、この建物をこれだけの大きさの門を、単純な、挿肘木の方法でやれといわれて、自信を持って「やります」といった大工は偉いですねえ。大きな木を使わないで、縦横だけで組むんですから。筋交いとか入らないんです。

ここの垂木は隅が扇垂木《おうぎだるき》ですね。「隅扇《すみおうぎ》」といいます。

今まで見てきた建物は垂木がずっと平行で、隅までそうでした。隅木《すみき》に直接打ち付けて平行にしてました。その分だけ隅木に荷重がかかるから負担ですし、それでは垂木が構造材として働かないという欠点がありました。

ここは隅木に近い垂木は平行にするのをやめて、扇のように垂木の根元を奥深くに入れてます。こうしたら構造材として垂木は力が出ます。

それで垂木の先は端隠《はなかく》しで蓋をしてあるんですね。垂木の端は傷みやすいところですから。天竺様の特色である、貫が柱を抜けたところは木鼻《きばな》が彫ってありますね。軒の丸桁《がんぎょう》の先も意匠でしょうな。

だいぶ色ははげてますが、朱色は丹《に》という鉛系じゃないでしょうか。通常朱といえば水銀系が多いんです。朱土というのもあるんですが、土だったらこういう色にはならないですから。白い色なんかも昔は白土、漆喰じゃないんです。法隆寺の壁画なんかでも白土を塗って描いてあったんじゃないですかね。漆喰じゃ滑って描きづらいですよ。

赤は紅殻《べんがら》の場合もあるんですが、紅殻の色は産地によって違うんです。

しかし、天竺様の特色ですが、寂しいぐらい単純ですね。建物に使っている材の数が数えられるほどですからね。大きく造るんだったらこういう建物が一番楽でしょうね。今まで見てきた建造物とはまるで発想が違うんですな。美しさとか優しさとか、天に向かう反りとか、考えずに、とにかく大きなものを造り上げるにはどうするか。

その答えがこの建物だったんですね。

大仏殿

今、中門《ちゆうもん》から大仏殿を見てるんですが、大きいですな。東大寺は南大門、なくなった七重塔を含めてとにかく大きいというのがキーワードですな。

この大仏殿が高さが四十八・七四メートル。奥行きが五十メートル。間口が五十七メートル。

ほぼ真四角に近いんですね。

創建当時は造り方が違いますが、間口が十一間で、長さが八十六メートルというから、想像が付かない大きさです。

これは元禄に建てたんですが、上層小屋裏に松の梁が二本入っているんです。大きな松の梁です。それでこの建物を支えるような構造になるんですが、このへんには木がなくて九州の霧島山から運んだそうです。

その時にかかった人数が十万人。牛が四千頭で山から海岸まで六十キロぐらい曳き出した。それをずうっと筏で持ってきた。恐らくは木津川を使って陸揚げして、ここまで持ってきたんでしょう。そういう材を使ってこの大きな建物を造り上げてるんです。

正月には、正面の花頭窓《かとうまど》を開けるんですが、そうすると、ここから大仏様のお顔がパーンと見えるんです。高さや奥行きが創建の頃とそう変わらなかったというのは、中に大仏さんがいるから、そんなに変わらないんですね。

それにしても凄かっただろうね。造ることを考えたときは、材木が揃うか、技術的に可能か分からんけども、まずは造ろうと思って始めたんでしょう。

そういうのを造ろうと思う力っていうのが凄いものだと思うんですよ。

昔の人は、日本は奴隷ってことはないでしょうから、みんなに飯を食わせる、賃金も払う。

東大寺大仏は高さ約 15 m、重さ約 252 トン。2 度の火災で大損傷を受け、改鋳修理を受けた。頭は江戸期、胴体は鎌倉期、下部は天平当時のもの

そうでなくては、これだけのものはできません。作り手、参加者がやる気にならなかったら出来ません。

昔は相当の人手がかかったんだと思うでしょうけれども、私はそうでもないと思うんです。この建物を、この辺で造らなければならないんですよ。何万人、何百万人でかかろうとしても、そんな場所がないですよ。

柱や何かの刻みが、大工がまあ五十人。それに手伝いが五人ずつつくとしますと二百五十人。合計で工人は三百人ぐらいでやってたんじゃないでしょうか。

この現場ではそれぐらい。山でとか、それを運んで来る人たちの人数はもっともっと多かったでしょうがね。

工人達は意志を統一して作業にかからなければなりません。勝手にやったらできません。道具も限られてます。材の置き方一つでも、一回置いたらもう動かせない。段取りも、作業もちゃんとやらなければ無理なんです。それにはやたら人数が多くてはだめなんです。ひとつの意志の下に働く組織です。

西岡棟梁から教わった口伝に『百人の工人がいれば百の心がある。それぞれの癖を生かしてつかいなさい。百人の心を一つにできなければ、匠長の座を去りなさい』という意味のものがあります。

それを考えてもやたら人数がいても無駄なんですから、それぐらいの人数だったんじゃないかと思いますね。

昔は重機がないから相当な手間が要ったろうと思うんですが、今より倍ほど多いだけでよかったんじゃないでしょうか。昔の人は力持ちだからね。それと働きが違う。日が出てから暗くなるまで働いたでしょう。体力が違います。今は重機使ってドンドンドンドンやるんだけども、そんなに変わらないんじゃないかと思いますね。

こうした材木を山から現場まで運んでくることができれば、これを建てるっていうことはそんなに難しいことじゃないですよ。山の中をグングングングンこんな木を運んで来るんです。それにはどれほどかの知恵を使わないと運べません。それを持ってこれるなら、組み上げるなんていうのはそれ程難しいことではないと思いますな。

山で木を倒して、割って、ある程度の形にして、ここへ持ってきて、それを大工が刻んで組み立てる。その間に名人になる人もいたでしょう。見よう見まねで覚えて。造る段取りや手順序を覚えますよ。

奈良時代にはここだけじゃなく、あっちにもこっちにも大きな寺や塔を造ってますからね。それだけの素晴らしい大工がそんなにはいなかったと思うんです。それまでに訓練してる年月はなかったんでしょうから。それでもやったんです。偉いもんです。

遠くから見てても大きかったけど、側に来れば来るほど、わあっと大きいですな。

柱の上に通り肘木を一、二、三、四本。で、手前側には挿肘木だけで受けてます。南大門と同じ形式です。南大門には大天井張ってなかったけど、ここは張ってあるんですね。あの垂木の太さ、凄いもんです。

この貼り合わせた巨大な柱の中にもう一本柱がはいってるんです。柱がある程度小さかったり大きかったりバラバラだから。これでこの大きさに保ってるんじゃないですかな。寄せ木の集合材じゃないでしょ。化粧柱でしょ。

この柱立てるだけでもたいへんです。

これ一気に、この位置に持ってきて立てるんですよ。側には大事な大仏様があるんですから。柱が立たなきゃ建物が出来ませんからね。柱さえ立てれば、どんどんどんどん横材を入れたり出来ます。太さからいっても塔の心柱《しんばしら》立てるのと同じぐらい大変な上に、礎石のうえに乗せてあります。この位置に持ってくるだけでも大変ですな。

それも礎石が高くしてある。神業ですよね。その基壇の上に立ててあるんだから。

天竺様が開発されたってことは凄く新しいことだったんです。今の建物は南大門もそうだけ

大仏殿内部の空間もまた巨大だ。柱は巨木が調達できず、芯材の周囲にヒノキ板を太い釘で打ち付け、鉄のタガで締めつけ一体化させて出来ている

ど、天竺様の新しい建て方です。

奈良の創建当時のものは、従来通りに斗《ます》、肘木《ひじき》、尾垂木《おだるき》、丸桁《がんぎょう》などで組み上げてたんでしょう。それは大変だったでしょうな。そういう意味では、大建築をするのには天竺様があってるんです。

よく造ったものだと感心しますね。やれと言われたら、挑戦してみたい気はありますが、ためらいますな。

三月堂（法華堂）

この建物のおもしろさは奈良時代の建物と鎌倉の建物が一体になってることです。「正堂《しょうどう》」は奈良・天平時代の創建、「礼堂《らいどう》」は鎌倉時代の再建。

正堂は寄せ棟造り、礼堂は入母屋造り。

垂木の様子、床下の亀腹《かめばら》の大きさの違いなど、さまざまな比較ができます。

ここの垂木は、二つの建物とも地垂木も飛檐《ひえん》垂木も角です。古い時代の地垂木は長く飛檐垂木が少し短いのですが、鎌倉の方は飛檐垂木が少しだけ長くなります。

この二つでは垂木の勾配は同じように置かれていますが、鎌倉と時代が下がると屋根の構造

三月堂（法華堂）は左側・天平期の正堂に、右側・鎌倉期の礼堂が増築され一体化した建物。構造上さまざまな違いがあり、比較して見ると面白い

が変わって、「野屋根」という空間をつくるようになります。そうすることで桔木《はねぎ》などの軒先を支える構造が可能になってきますので、垂木が構造材から化粧に役目が変わってきます。

連子格子の太さも鎌倉になると細く繊細になってきます。美の感覚の違いかも知れません。柱の上の貫をずっと北から南に目を通していくと、奈良の建物にはなかった木鼻の彫刻が見えます。

こうした違いは、他の建物を見るときにも気づくでしょう。たまたま並びあい、一つの建物になった中で比べられるのが楽しいですなあ。

それにしても昔は正堂と礼堂の並んでいた建物を、足して一つにする発想はおもしろいものです。真ん中に使うわけでもない雨樋を残したり、無理に同じ様式にしたりせずに、しなやかで、やわらかな考えが見えます。

ものづくり、特に建造物では決まった考えにとらわれがちな私達にもこんな豊かで、遊び心のある余裕がほしいものです。

隣の二月堂《にがつどう》の縁から見渡すなら盆地もいいですなあ。

正面に生駒山系が見えますな。

そうそう、二月堂の床板はみんなに踏まれてすり減って、節が浮き出しています。硬く、道具が効かない節は嫌われものですが、こうしてみるといい紋様ですし、節だから持つ強さがあるのです。

西岡棟梁のお祖父さんの常吉さんが、この板の張替に来たっていうてましたな。木の使い方をよく知っていたんですね。

転害門

この威厳のある門はいいですなあ。奈良時代のものです。

壇正積《だんじょうづ》みの基壇の上に堂々と建ってます。

正面三間、側面二間。天平尺で、正面が二十尺、脇間が十八尺、ですから正面は五十六尺。

側面も十四尺あります。メートルに換算して正面が約十七メートル、奥行き八・五メートル。太く立派な柱が表に四本、裏側に四本。八脚《やつあし》門として最大です。

柱間が広い分だけ、がっしりした柱と貫で支えていますね。その柱がいいんです。宮大工の口伝に『木は生育の方位のままに使え』というのがあります。

木を使うときに、南向きに生えていた木は南向きに、山に生えていた方向のまま据えなさいという意味です。一本の立木をよく見ますと南側には太陽の光を求めてたくさんの枝が出ます。北側は少ないものです。枝の根元は長く伸びる枝を支えるためにがっしりとしています。それは材になったときに節になります。ですから南側をそのまま柱に据えますと節がたくさんある方が表に出てきます。

転害門の表の一番右（門に向かって）の柱を一度見てみてください。

長い年月と風に曝されて枯れた木の肌をしています。風雪に耐えた木の味というのはそのままでも心をうつものがありますが、そこに浮かび出ている節が幾つもありますね。その節を取り巻く、木の繊維が急流の渦のようにも見えます。そうした節が幾つも飛び出しているのがこの柱です。木の意志が伝わってくるような柱です。

何でこんな無骨な節のある柱をと思いますが、口伝のとおりに使っていたのだと思うのと同時に、穿った見方をすれば、腕の立つ工人がこの暴れん坊な木をうまく納めたその腕を「どう

東大寺転害門。創建当時から残る貴重な門は、東大寺の中でも著者がとりわけ好きな場所。訪れる人は少なく、ちょっとした穴場だ

だ」と見せたかったのかなとも考えました。

現代の電動工具がたくさんある時代でも節の処理は大変です。当時の未熟な道具で、節を処理するのは並大抵なことではなかったのだと思います。そんな木に挑む工人の気持ちも思い浮かばせる柱なのです。

この門の良さは側面の妻飾りにもあります。天辺をまるく削った柱の上に頭貫《かしらぬき》が通っていますね。柱の上には枯れた大斗《だいと》が乗り、底に桁の尻が三本ずつ伸びて重なっています。その尻は木鼻になっていて上ほど長い。頭貫の上に一本の梁が通り、その上を二つに分けて二個の斗で虹梁《こうりょう》が。虹梁の上に面白い形の板蟇股《いたかえるまた》が乗り更に虹梁を重ね、その虹梁の上に板蟇股が来て棟木を持ち上げてます。

年月に曝された虹梁の枯れ味、老いながら筋を

東大寺転害門の南側の柱。「木は生育の方位のままに使え」という口伝通りに、節だらけの面をあえて南側にもって来ているのが特徴的

張った力。蟇股の巧妙さ、剽軽《ひょうきん》さと相まっていい味です。

突き出た木鼻、どれも簡素ながら時代の美を表しています。

無骨に感ずるほどの木組みなのに、どこかその気負いをかわす洗練されたものを感じます。

私の好きな門です。

7
興福寺《こうふくじ》

国宝・東金堂、五重塔、北円堂、三重塔、阿修羅像、乾漆八部衆立像など多数

藤原氏氏寺の波乱の歴史

二〇一〇年に創建千三百年を迎えた興福寺は、栄枯盛衰の波乱の歴史に彩られている。天智天皇八（六六九）年に中臣鎌足の病気平癒のため、山背国《やましろ》に建立した山階寺《やましなでら》を起源とし、天武天皇の飛鳥遷都に伴ない移転、厩坂寺《うまやさかでら》と呼ばれた。その後、平城京遷都に伴ない、鎌足の息子・右大臣藤原不比等が現在の地に移転し、興福寺となった。

藤原氏、皇室の庇護の下、寺は大きく繁栄した。聖武天皇発願による東金堂《とうこんどう》の建立（七二四年）、光明皇后による五重塔の建立（七三〇年）、その後も伽藍造営は続き、八一四年

に藤原冬嗣が南円堂《なんえんどう》を建てたことでようやく完成する。その大伽藍は官寺である東大寺にもひけをとらぬ威容であった。

さらに平安時代に入り、神仏習合思想により春日大社を併合したことで権勢は絶大なものとなる。支配は大和一国、さらに全国に多くの領地を広げ、僧兵たちは春日大社の神威をかざしてたびたび都へ強訴《ごうそ》に押しかけ、その回数は七十回に及んだという。

この横暴に業を煮やした平清盛は、息子の重衡に南都焼き討ちを決行させる。全焼した伽藍の復興には長い年月を要し、その後も一二七七年、一三二七年、一三五六年、一四一一年と度重なる罹災に見舞われた。そして江戸期に入り一七一七年の大火、明治維新による廃仏毀釈によって寺は打ち捨てられ無住となった。明治十五年に法相宗大本山となり再興が図られるようになり、現在は中金堂の再建などの大復興事業が始まっている。

所在地・アクセス
奈良市登大路町四八
近鉄奈良駅より徒歩五分

猿沢池越しに見る興福寺五重塔。間近からでは威圧的に感じるが、
この場所からの眺めは美しい。著者お薦めのベストビューポイント

ど迫力の五重塔

すぐ側に来てみたら、ど迫力ですなあ。

日本で京都・東寺《とうじ》の五重塔に続いて二番目に高いんですね。法隆寺や薬師寺、法輪寺の塔とは違ってガツンと来ますね。ほんとうに木の塊です。

法隆寺よりずっとでかいです。これ五十・一メートルあります。法隆寺は三十メートルぐらいですから。東寺の五重塔は最近のものです。江戸時代でしたね、確か。

これは室町時代の再建なんです。五回燃え、そのたびに建て直してますから六代目なんです。約六百年間ぐらいの間に五回焼けています。五重塔に対する執念ですね。


日本に百済から仏教が伝来し、四天王寺に五重塔を建てた時の塔は、これぐらいの大きさだったんだそうです。だから早くから相当な技術があったんです。

この迫力の元は、まずは木組みが太いことです。

一個一個の斗でもそうですし、ずらりと並んで飛び出している尾垂木の太さ、強さ、無愛想なまでにごついですね。やわらかさを付けて軽くしようという意志はみじんもないですね。

むき出しの太い材がどうだと言わんばかりに構え、圧倒的なまでの重量感を感じさせる五重塔の木組み。特に太く長く突き出した尾垂木が印象的だ

どうだ、と言わんばかりの強さです。

圧倒するつもりで構えていますね。

道具の進化が可能にしたもの

見るからに重量を感じさせますな。

実際、相当重いんです。隅の斗が潰れてますね。それで片方が上がってます。角の、あの隅の斗の一番下。反対側があれだけあがるぐらい潰れてるんです。

隅側にみんな重さがかかるからね。ですから、これだけの塔だったら、ヒノキではもたないですね。ケヤキでなきゃ無理です。堅木《かたぎ》じゃなくちゃ潰れてしまいます。

昔もこの隅の大斗だけはケヤキにしたんです。どうしようもないんですな。大斗の斗尻って、一番下、あの面積だけで上からかかる重さを全部受けるんですから。あそこにもの凄い力がきてしまうんです。

しかし、そういう堅いものを加工するのには、道具がなくちゃできないんです。ヒノキの扱いとはまた違います。

これは室町の再建だから、創建当時の様式を残しながら、造ってあります。他もそうですが、後の再建でも、奈良の建物は昔の形を保とうとしてるのがわかります。

室町の再建ですから道具はかなり進化してます。台鉋《だいがんな》や鋸《のこぎり》なんかもあったんでしょう、そうでなければこの塔はとてもとても出来ないです。

塔はこんな近くで見あげると、全然分からないですね。部材の大きさだけが迫ってきて、ただ圧倒されるだけです。形の良さもわかりません。

逓減率の低い、ほとんど同じ大きさの重を重ねて、五重目の勾配をきつくしてあるんですが、それも近くではわかりません。

この塔を見る位置はやっぱり猿沢池のあたりがいいですな。ある程度離れなくちゃあ姿が見えません。

いまの人間に同じものが造れるか？

もし、これと同じ塔を頼まれたら……躊躇《ためら》いますな。

こういうものは「やってみてもいい」と思える年齢があるんです。心の勝負ですから。それともうひとつ、挑むには無知じゃなくちゃ駄目です。勉強しすぎたらだめです。怖さが出てきてしまう。

必要なのは、「やってやる」という心構えの強さです。そうして夢中で始めたら、こういう大きなモノが造れたんです。

勢いに任せなくちゃできない。ここがこうだからとか、ちっぽけなことなんか考えてるようではとてもとてもできないですよ。造ってるうちにもう負けちゃう。

それは、再建しろと言われるよりは同じぐらいの、オリジナルで造ってくれって言われる方が嬉しいです。再建となったら束縛されますからね。再建した大工達はみなそういうプレッシャーを受けたでしょう。

オリジナルに造っていいと言われたら、どこを変える？

斗とか肘木とか構造はほとんど変えられないね。造り方も同じやね。やるとすれば、全体的にもっと軽く、柔らかく見せるぐらいですね。

尾垂木の下端を丸くするとか。そういうふうな遊びだけです。もう構造は出来てますからね。これは完成した形だから。私がこれから造ろうとしてもこういう形になってしまうと思いますな。

この高さで、この大きさになればやっぱり使う木の太さも、まず最低こういう形になるでしょ。それでやっぱりケヤキみたいな堅い木を使います。ヒノキがいいといってもそれでは持たない部分もあります。

しかしよく倒れないですよ。台風なんか来たらどんなでしょう。

何度見ても、よく倒れないなあと思います。

法輪寺は造り終わった時に、絶対倒れないと思いました。法輪寺とか国泰寺（富山県高岡市）とか私が造ってきた三重塔はある高さ以内なんです。だからなんとも思わなかったですけど、これだけになると、よく建っていると思います。

いま造る人は、建築基準法抜きで造ってもいいといわれても、造れないのではないですか。難しいと思うから、中を鉄骨にしてみたり、いろんなところで補強を考えるでしょうな。それか、可能なら柱をずうっと一本で通そうとか考えるかも知れません。強いように感じるから。しかし、それをやったら倒れてしまうんです。下と上がみな同じように揺れちゃうから、持たないですね。

これは一重ずつ、ただ積み重ねてあるだけなんですが、それが強いんです。

東大寺の百メートルの塔というのがあったら、すごかったでしょうな。立ち木を利用したっていう話を聞いたことがあります。

このへんは、当時は見渡せば塔だらけだったんですね。

そこの春日大社が塔を建てているんですね、昔。元興寺《がんごうじ》も五重塔、これもやっぱり高かったんです。七十メートルを超えていたでしょう。ですから工人たちも施主も負けずに高い物を建てたんでしょうな。

意匠でも当然張り合うでしょう。今だって張り合っているんですから、より高いタワーだって。そうやって張り合っていたか、もしくは同じような師匠筋、または兄弟弟子たちが建てたかもしれませんね。同じような系列の人たちが建てるとなれば、案外姿形は似てたかもしれませんな。

都会にビルが建っているように奈良の都に塔が立ち並んでいた。すばらしいものだったでしょうね。

昔の様式で再建したというのなら、これよりも東金堂のほうが、昔の形だと思いますな。行ってみますか。

東金堂

これはやっぱり古い形をしていると思いますね。

地垂木が長いですね。外へ向かってがあっと長く、しかも太くなっていますね。柱の感じが柔らかい。

基本的には五重塔も東金堂も、同じ考え方で造ってあるんです。大工さんは同じ人達が関わ

東金堂は 1415 年の再建だが、天平様式。唐招提寺金堂とは印象が異なる。最前部の白壁の有無、柱の高さ、柱間などが印象の違いを生み出すのだ

興福寺東金堂と唐招提寺金堂の柱間比較

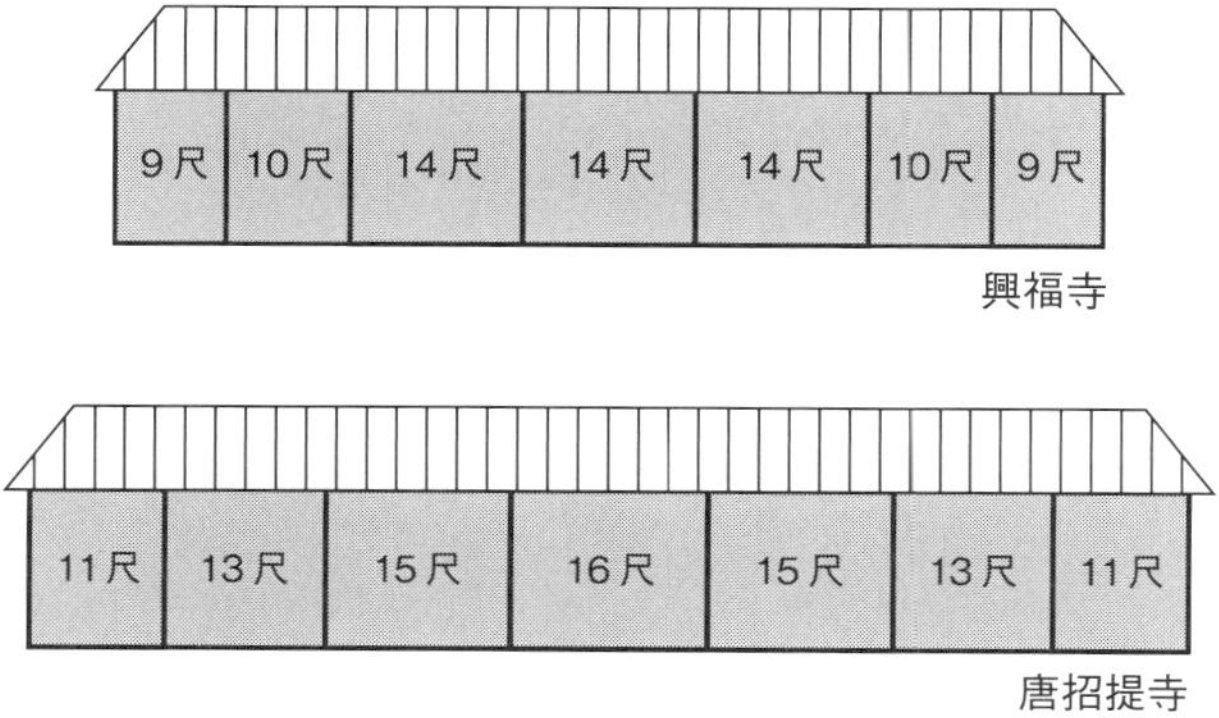

っていたでしょうね。こっちがちょっと早いけど、そんなに変わってないですからね。

江戸時代の享保のはじめに火事になって、大きい建物で残ったのは東金堂と五重塔と三重塔と北円堂《ほくえんどう》。他は全部燃えちゃったんですね。

ここは、唐招提寺金堂と比べてみるといいですな。

間口が七間。奥行き四間。ほぼ同じ形です。前列正面の吹き放しも一緒。東金堂は両側が白壁で塞がれていますが、円柱の柱列も似ています。

でも、ずいぶん感じが違って、ずんぐりしてる気がしますね。

それは一つには柱の高さが違って、高く感ずることかもしれません。軒の反りや大棟の反りもこちらの方が唐招提寺の金堂より少しきつい。鴟《し》尾《び》の代わりの大棟の端は鳥衾《とりぶすま》です。

大きく印象が違うのは、同じ間口の七間でも、柱の間隔の取り方が違うからですね。

ここは真ん中の三間が天平尺の十四尺。その隣が十尺、九尺となってますから、唐招提寺金堂の真ん中が十六、順に十五、十三、十一とゆっくり狭まり奥行きというか広がりを感じさせるのに対して、両脇が窮屈に感じます。

側面の梁行きも同じ感じがします。唐招提寺が連子格子だったのに、ここは四間とも白壁。その美しさは眩しいほどですが、縦に長く感じるんですね。

細かいことを言うと、壁の上部が唐招提寺は二本の通り肘木を単純に間斗《けんと》束《づか》で支えていたのに、ここは通り肘木が三本で、間斗束と斗で間を狭めてあるんです。こうしたことは棟梁の好みの意匠とか考え方でしょうが、異なった印象を生み出しています。

どちらがいいとか悪いとかいうんじゃなしに、時代が造った建築の違いを楽しむのがいいでしょう。東金堂は創建当時の天平の形式をしっかり守っていると思います。こういう形が守られるのも、奈良という古都が持つ伝統かも知れません。

北円堂

いい姿ですねえ。素晴らしい。

これは円形に近い八角形の建物なのに軒を深く優雅に伸ばしてありますな。唐招提寺金堂の模型を見てもらうとわかりますが、軒の根元に支輪《しりん》というものを設けて軒の出を支えていますが、この北円堂ではそれがないんです。

そのために軒の出し方が地垂木、飛檐垂木の二列では足りないので、「三軒《みのき》」という三重の垂木使いをしています。しかも地垂木が縦長の六角形で、他の二つの飛檐垂木は角ですが、太すぎず細すぎず。気をつけて見ないと普通の何も変わりのない垂木のように見えるはずです。柱の上の三段に外に出した組み物も何気ないですよ。

柱と柱の間の上部の通り肘木を支える平三斗《ひらみつと》という組み物のつかいかた、間斗束によって分けられた白壁のバランス、緑に塗られた連子格子の大きさの見事さ、本当に優しくバランスを見事に取った建物ですな。

簡素に、必要なものだけを上手に配置してある。無理がかかってる部分がありません。少なくともそう見えるふうに出来たら、大工はうれしいですよ。なかなかそうはいかないんです。ましてハ角形という意匠の凝ったものですから。

今まで見てきた建物はみんな桁を外に出し、見せていました。それがありません。三段に垂木が出て、軒を支えている。隅木が表に出てるだけですな。

これは法隆寺の夢殿よりもずうっと背が高いですね。柱の上を二段に組んでいますからね。だけど瘦せてない。落ち着きと安定感、柔らかさが揃っています。屋根も重すぎず、ほどよい勾配で、軽く、宝珠《ほうしゅ》、露盤《ろばん》もいいですなあ。

八角堂でこの形式はここだけでしょうかな、こういう組み方してるのは。たいがい必要以上に色々な部材が出てくるんだけど、それがない。

こんなふうな建物を造れたら、宮大工冥利に尽きますな。いい建物です。

北円堂は興福寺創建者・藤原不比等の一周忌（721）に元明天皇と元正太上天皇が建てた。1180年に被災し、1210年頃再建されたが、創建時の様式

北円堂の垂木は三重だ。支輪を入れずに軒先を深く出す工夫である。部材の太さ、大きさ、組み方のバランスの良さが、独特の美を生み出している

三重塔

高さが十八・四メートル、やわらかな三重塔です。

三重とも三間。平安後期の建物の再建ですな。場所も控えめな坂の下ですし、姿も初重に縁を回し、女の人のようなやさしさがあります。

基壇がなく、飾り気のない縁を石の上に乗せた束で支えてますが、この縁が控えめな裳階《もこし》のようにも見え、実用としての縁だけではなく初重を締める役目もしていますな。

初重は白壁がほとんどなくて、二重、三重に比して胴が太く、どっしりしています。もうひとつ大きく目を引くのは初重のさっぱりした感じです。二重、三重は三手先《みてさき》の組み物ですが、初重は出組みで軒を支えているために、尾垂木が構成する強さが消されています。二重、三重は三手先のこれまで見てきた建物と同じですから、比べてみてください。

この三重塔をやさしくたおやかに見せているもう一つの要因は木割りの細さです。これでもかという五重塔の木組みの大きさを見てきた目には、何かほっとさせるものがあります。

軒を支える垂木は地垂木と飛檐垂木。

この塔のように幾度か繰り返される建物は、リズムを生みます。

三重塔は鎌倉期再建の興福寺最古の建物。五重塔とは対照的に控えめで優しい印象を与える。休日には絵筆を手に写生をする幾人もの姿が見られる

軒の反りや逓減率もその要素の一つですが、柱や束、通り肘木で区分けされた白壁がつくるリズムもあります。肘木の曲線による壁の形の繰り返しもおもしろさを出しています。このコントラストが洗練された美しさをつくっているんですね。

この塔は心柱が初重天井上から立っています。地面や基壇に置かれた心礎の上じゃないんです。奈良以降の建物にはこういう方法が多用されています。仏舎利を納める塔から役目が変わってきたのでしょうな。

因みにこの塔の逓減率は、初重総間十五尺九寸八分、二重十尺八寸五分、三重九尺二寸六分。同じ三重塔でも法輪寺、法起寺と違ったイメージを受けるのは時代の差や役目の違いもありますが、逓減率の違いもあります。法輪寺、法起寺は法隆寺の五重塔の初重、三重、五重を重ねた姿でしたが、ここの三重塔は興福寺五重塔の初重、四重、五重の比率を採用しているのです。

余り目立たない位置に置かれた三重塔ですが、初重と他の組み物の違いなど大胆な発想や木割りのすばらしさ、良くできた塔だと思います。

8 元興寺《がんごうじ》

国宝・極楽坊、禅室、五重小塔
重文・阿弥陀如来坐像、聖徳太子立像、板絵智光曼陀羅など

前身は日本最古の寺・飛鳥寺

元興寺は蘇我馬子が崇峻元（五八八）年に飛鳥に建立した日本最古の寺院、飛鳥寺を前身とする。後に法興寺と呼ばれ、天武天皇の六八〇年に国営の官寺となる。七一八年、平城京に移され、元興寺と改号される。七四九年に諸大寺の格付けが行われ所有墾田が決められた。東大寺の四千町歩に対し、元興寺二千町歩、大安寺・薬師寺・興福寺が一千町歩、法隆寺・四天王寺は五百町歩と定められた。元興寺の格の高さがうかがえる。

しかし、平安後期になると律令制が崩壊し、荘園・寺領からの収入が途絶え、藤原氏の権力を背景にする興福寺の強大化に押されて衰退の一途をたどった。

だがその頃、智光《ちこう》という僧侶が出て智光曼荼羅をつくり、僧坊の一部を改造した極楽坊に収められる。極楽坊は極楽堂、曼荼羅堂とも呼ばれ、浄土信仰の中心として庶民の信仰を集めることになり、地蔵信仰、聖徳太子信仰、真言信仰などが入り混じり、かろうじて伽藍と伝統を後世に伝えた。

幕末の一八五九年、火災により五重塔が全焼してしまう。塔跡に残る巨大な礎石が、往時を偲ばせる。

見どころとしては、まず極楽坊と禅室。奈良時代以前の古材を生かしながら、鎌倉期に改築された。禅室修理の際に取り換えられた古材が屋根裏に保存されており、年輪年代測定法によれば五八二年頃、世界最古の木材と確認された。また屋根の一部には飛鳥時代の瓦が残っており、これも現役最古の瓦である。

所在地・アクセス

奈良市中院町十一番

近鉄奈良駅より徒歩十二分

元興寺極楽坊は、かつての僧坊を寄棟造りの聖堂に改造したものだ。
奈良時代から今日までの毀誉褒貶の歴史が建物に刻み込まれている

千四百年前の行基瓦

世界最古の木造建築として法隆寺が取り上げられると、必ず木の使い方が上手であった、木に対する考えが優れていたと飛鳥の工人がほめられます。確かにそうした一面があったとは思いますが、宮大工の一人としてはちょっとこそばゆい感じがします。

法隆寺をはじめ、千年を越える建物が残ってきた理由は、大工の技やヒノキの存在があるとは思いますが、私たちからすれば屋根を守ってきた瓦や瓦葺きの職人たちのおかげだと強く思いますな。

屋根は大事です。

どんなに丈夫に木を組んでも、屋根から染みこむ雨や湿気が溜まれば、建物は腐ります。そして崩壊します。木を割ったこけら屋根、杉や檜の皮で葺いた屋根では長い時間は持ちませんでした。そこに朝鮮から瓦の技術がもたらされ、木造建造物の姿を変え、千年の命を持つ建物を支えてきたんです。

しかし、瓦の重さは、深く出した軒を支えるのに苦労と工夫を強いました。深い軒の美しさは、今まで話してきたようにさまざまな木組みを生み出しました。その重さが建物を地面にし

左右で色が異なる禅室の屋根瓦。右側には飛鳥時代に焼かれた日本最古の瓦「行基瓦」が現役で使われており、素晴らしい風合いである

つかり押し込み、台風や地震に耐える役目もあったのです。

みなさんは瓦はすぐに割れる物と思っているかも知れませんが、よく練られ、しっかり焼かれた瓦は千年以上持ちます。こういう丈夫な瓦があったから法隆寺は千三百年持ってきたのです。

法隆寺以前に焼かれ、屋根に乗っていた瓦が今も現役で働いています。

それが元興寺の本堂、禅室の屋根に乗っています。私達にとってはこうしたものも大事な国の宝だと思います。

極楽坊本堂の西側の屋根、禅室の南側の東よりの屋根を見ますと、丸瓦が少しぎこちない線をつくっているのに気が付かれるはずです。

それが千四百年も前に焼かれた「行基瓦《ぎょうぎがわら》」と呼ばれるものです。

瓦屋根は平瓦と丸瓦が交互に葺かれています。今の丸瓦には「玉縁《たまぶち》」という上に来る瓦の頭に差し込む部分があります。行基瓦はこの部分がなく、頭が太く、尻が細くなった形の丸瓦です。尻の細い部分が頭の広い中に差し込まれ、長い列を作っているのです。この瓦が焼かれたのはほんのわずかな期間でしたが、今もきちんと使われています。

きれいに乱れず並んだ瓦の線を見慣れている私達にはぎこちなく、色もさまざまな行基瓦のつくる屋根は不思議な感じを与えるかも知れませんが、じっと見ていると人の匂いのするいい味が見えてきます。

建造物の鑑賞には木部だけではなく、こうしたことにも気を遣ってもらったら、楽しさが増してくるでしょう。

五重小塔

五重塔の小塔も国宝ですな。

立派ですね。相輪から何から全部きちっとしてますね。修理が終わったんですね。

高さが五メートルとあるから、このまま十倍すればちゃんと五重塔ができます。

地方に国分寺だとかなにか建てたときは、みんなこんな模型で指示したのかも知れませんね。今のような設計図はなかったでしょうし、万が一あったとして現場の工人がそれを読めるとは思えません。模型なら、解体したり、部材を乗せてみることで、どんな寸法で、どう収まるかすぐにわかります。

こうした模型は昔の塔の姿を思い起こすのに重要で、実際役にたつんです。薬師寺西塔の復元の時にも、木負いという地垂木の先端に乗る部材の反りを決めるときに参考にしました。そのときの野帳にはこう書いてあります。

「木負いは元興寺極楽坊五重小塔によると、茅負いの真から木負い真の中間点の高さを木負い口脇の高さにしているのでそれに習った」

こんなふうに時代の塔の姿を再建するときに参考にしましたし、このまま工人に渡して十倍の塔を造れといったら、できます。

そういうふうに使われた塔ではないでしょうか。

私たちも実際の塔の十分の一の模型を作ることがあります。それは海龍王寺の小塔のようなものではなく、全てを十分の一にしたもので、そのまま拡大すれば塔になるものです。学術模型といいますが、幾つかつくりました。勉強になりますし、塔の仕組み、構造がよくわかります。

でも、プラモデルみたいに簡単じゃないんですよ。全て十分の一の大きさにヒノキを使って作りますから、極端に言えば、道具を十分の一でつくらなくてはならないんです。ですから、例えば、法隆寺の五重塔を十分の一で作るといっても、一年以上かかりますし、費用も民家一軒を建てるほどかかるんです。ですから、こうした模型といっても大事なものですし、元興寺の物も海龍王寺の物も奈良時代の塔の姿、様式を知る上では貴重な物なんです。

9

十輪院《じゅうりんいん》

国宝・本堂
重文・南門、石仏龕、不動明王および二童子立像

センス抜群の名建築

十輪院は元興寺旧境内の南東、奈良町の街中にひっそりとある。

元正天皇の勅願寺で、元興寺の一子院といわれ、また、右大臣吉備真備の長男・朝野宿禰魚養（あさのすくね なかかい）の開基とも伝えられている。

だが、現存する堂宇は鎌倉前期の本堂と南門が最古である。


無住法師の『沙石集』（一二八三）では本尊の石造地蔵菩薩を「霊験あらたなる地蔵」として取り上げられている。石仏龕《せきぶつがん》は、花崗岩の切り石で出来た厨子で、石仏の周りを囲

っている。本尊の地蔵菩薩の左右には諸仏が彫刻されており、非常に珍しい。国宝の本堂はこの石仏龕を拝むための礼堂として建立された。寺院というよりは中世の住宅に近い造りだが、大変に貴重な建物である。

寺は室町末期までは寺領三百石、境内は一万坪だったが、豊臣氏に弾圧され荒廃する。しかし、江戸初期には徳川家の庇護を受け、寺領五十石を与えられ、堂宇の修理も行われた。

明治の廃仏毀釈でも大きな被害を受けたが、昭和二十八年には本堂の解体修理がなされた。さらに近年も寺の整備は進み、駅前商店街に「仏教相談センター」を設けたり、聖徳太子をモチーフに「なーむくん」というキャラクターを作って普及を図るなど、活動も盛んで、寺勢は上昇を続けている。

所在地・アクセス

奈良市十輪院町二七

近鉄奈良駅前 奈良交通バス 天理方面行「福智院バス停」下車、南西へ徒歩三分

ＪＲ奈良駅前 奈良交通バス市内循環内回り「田中町バス停」下車、北東へ徒歩三分

十輪院のひっそりと美しい佇まい。鎌倉期の建築だが、低めの軒や
天井、細い格子など、すでに後世の数寄屋建築にも通じる要素が

十輪院の軒まわりの木組み。垂木がなく、厚い板で軒が支えられている。太過ぎず、細過ぎず、部材寸法のバランスが絶妙だ。よく考えられている

十輪院はまるで違う寺

ここはまるでこれまでのお寺とは違った感じですね。

寄せ棟、本瓦葺き。桁行きが五間、梁行きが四間。正面真ん中だけが九尺で、他は七尺。三間に二間の母屋に庇を付けた形ですね。

佇まいも、屋根も広縁のある正面も、穏やかですな。

垂木が見えないんですね。勾配があれば垂木を見えなくする方法があるけど、ここは屋根と勾配が同じですからね。垂木を見せないとすっきりします。野地板《のじいた》を厚くすればいいんです。そうしてあるのかな。

このすっきりした落ち着きは、木割りと言いま

すが柱などの材が細いんです。建物の大きさに合った柱の太さなんですな。これまで見てきた多くの建物が柱に頼って太くがっしりしたものでしたから、違った感じを受けます。お寺と言うよりは民家のような。威圧感がなく、すっきりしてますな。

柱が建物の大きさに対して太過ぎたりしなければ、すっきりしてきます。だから建築は難しいんですよ。柱でも梁でも桁でも大きければいいってもんじゃないんです。耐えられるんだったら細い方がいい。けれども細くすると今度は安定感というか、安心感がなくなる。

求めるものが安心の方が強いですからね。

それで安心させるために太くし過ぎると、それだけではすまないんです。柱が太くなれば、他の部材もみんな太くなるんです。柱だけ太くて周りが細かったらこれまた見苦しいし、バランスが悪いんです。建物の高さもあります。低いですな。これで高く上げようとしたら、やっぱり柱は太くなります。

ここはもっと細くても強度的に持つことは持つんです。しかし、ここが難しいとこですな。建造物は柱の太さで全部変わってくるから。

そういう意味では、ここの本堂は太からず、細すぎず、安定感があって、安心感がある上に、何かほっとさせる建物なんですね。それが門をくぐった瞬間に、いいですねえって感じにさせてくれるんですね。

蔀戸の格子は横に細長くしてある。真四角に比べると、手間のかかる仕事だ。桟の細さ加減も素晴らしい。著者も感心しながら見入っている

まあ、中を見せてもらいましょう。

御本尊は石のお地蔵様ですね。平安中期から後期ぐらいの作ですか。鎌倉時代に大きな厨子ができまして、ここがこの石仏を拝むためのお堂なんですな。礼拝堂として鎌倉中期に建てられたんですね。

丸柱の内側が内陣で、角柱の外陣はその外側。柱が内が丸で、外が角ですね。初めて見ましたな。

垂木がなくて野地板を厚くしてある。やっぱりそうなんですな。

棟のこの低さがとてもきれいですね。天井も低いですけど、そんなに圧迫感もありませんし、なかなかね、よく考えられていますねえ。

これで天井までの高さが七尺二寸ぐらいですね。

わずか二メートル十七センチほど。なのに、そんなに低いとは感じないですね。うまく処理してあるんですね。狭い、低いと感じるのは、一つはバランスの問題ですから。よく見ると計算し尽くしてあるんですね。

正面の明かり障子でも一本の溝に三枚入っています。この時代はまだ障子の上に刻みがないんです。溝が四十五ミリほどでここに三枚が収まっている。軽い障子です。桟も細いし、気配りが行き届いてます。

こんなのを見て、後の時代の数寄屋はだんだん考えてきたんじゃないかと思いますな。ここは数寄屋と比べると、まだまだ木柄が太いんです。数寄屋だとすると太いけど、しかし安心感はあります。安堵するものがありますね。

この広い縁は、蔀戸を全部はずし、障子を開け放つと、法要とかに使えるようになってるんだね。

蔀戸の格子の大きさも真四角にせずに、やや横に細長くし、桟の細さもすばらしいですなあ。広縁の外側の柱が根継ぎしてありますが、新しい材はわずかに大きく取ってあるんです。これは古い柱はこれ以上痩せないけれども、新しく根継ぎした分はまだ痩せますから。時間が経てば同じになるようにしてあるんです。

何度見てもいい縁です。

柱も桁、肘木みんなそっと面取りがしてあります。組み物も平三斗に腕木を加えて桁を持ち出しています。頭貫に木鼻が彫られてあります。板蟇股も洗練されてますな。

鎌倉期のセンスのよさっていうのは、デザイン能力にしても今に通ずるものがありますね。禅の影響もあるでしょう。全部無駄なものを取って研ぎ澄ました姿に仕上げています。

格子の太さ一本決めるんだって悩みますよ、ほんとうに。「あれっ、いいなあ」と感じたものは、ほとんどが計算されてます。

入ってきたとき、いいねえって思ったことに、全部理由があるんですね。計算ずくっていうかな、きちんと出来ているんだけど、それを見せない。

飾り気を取り払ってあるけれども、気遣いはしてある。

低くおとなしげに見えるけど、芯はしっかりしている。それが格として人の心をうつ。いい建物ですなあ。この広縁でゆっくりしていたいですねえ。こういう気持ちを持たせてくれる建物はいいですなあ。民家の形で完成させた十輪院の本堂です。

第四章 山の寺

室生寺

桜井線
天理駅
369
165
室生口
大野駅
近鉄大阪線
室生寺
桜井駅

10

室生寺《むろうじ》

国宝・五重塔、金堂、本堂、釈迦如来立像、十一面観音菩薩像、釈迦如来坐像、帝釈天曼荼羅図

重文・御影堂、弥勒堂、薬師如来像、地蔵菩薩像、文殊菩薩像、十二神将像、弥勒菩薩立像ほか

山寺ならではの魅力

室生は奥深い山と渓谷に囲まれているが、もともとここは室生火山帯の中心部で、古くから神々のいる聖地として拝まれてきたという。

後に桓武天皇となり平安京を開いた山部親王の病気平癒祈願を室生の山で行ったところ、効能があったことから勅命により創建されたという。

その実務にあたった修円は、最澄や空海と並び仏教界を指導する学僧だった。そのため、室生寺は山林修行の道場として、また法相・真言・天台など各宗兼学の寺院として歩んだ

という。また、近くの「龍穴」という洞穴が龍神信仰を生み、興福寺の僧による雨乞いが度々行われ、勅命による祈禱もあった。

江戸期に入り、将軍綱吉の母・桂昌院が室生寺を興福寺から引き離し、真言宗の道場と定め、それ以来、弘法大師信仰が盛んになった。そのためか、境内には桂昌院塔が本堂のとなりにある。

高野山が女人禁制だったのに対して、室生寺は女人の参拝を許したため、「女人高野」と呼ばれるようになり発展した。奈良の中心部から離れているため、戦乱にも巻き込まれず、多くの堂塔、仏像が残されている。最古のものが五重塔で奈良末期、次いで金堂で平安初期に建てられた。本堂と弥勒堂、御影堂が鎌倉期の建築である。

どの建物も、山奥の寺ならではの特徴を備えている。特に屋根のつくりは普通は瓦屋根が中心なのに対して、檜皮葺《ひわだ》き、こけら葺きなど、非常に特徴的である。わざわざ足を延ばす価値は十二分にあると言えるだろう。

所在地・アクセス

宇陀市室生区室生七八

近鉄室生口大野駅よりバス十五分

険しい山中に、大木を背後に背負って建つ室生寺五重塔。屋外に建つ五重塔としては日本最小で、法隆寺五重塔に次ぐ古さである

棟梁の姿が思い浮かぶ五重塔

ずいぶん山の中ですよ。室生寺は。

こうした急峻な山を使っての伽藍だから、平地とはまるで違う配置です。どの建物に行くにも木立の中の石段を登るんです。

まずは五重塔に行きましょう。

初めに石段を登ると金堂があって、次に本堂。その奥の階段を上ると五重塔です。

石段の下から見上げると、屋根は見えず、五つの重なった各重の軒下が見えるんですな。地垂木《じだるき》と飛檐《ひえん》垂木の二列。その上の裏甲《うらごう》という白い枠。その上に檜皮《ひわだ》の屋根のつくる薄焦げ茶色の厚み。黄色く塗られた尾垂木と隅尾垂木、隅木《すみぎ》の尻の点模様が急カーブを描いて反り上がっています。

軒は深く、反りの少ない屋根です。胴が細く見えますね。かすかに上の屋根が小さくなっているのでしょうが、逓減率が少なくほぼ同じ大きさを積み重ねたように見えますな。

この長い石段が基壇なんですね。杉の大きな林の中に収まっていますので、緑をバックに色鮮やかな塔という印象を受けます。台風で倒れた杉の木による損壊の後の修理で、きれいにしたのでしょう。

石段を上がっていくと別の姿が見えます。

小さな塔ですね。高さ十六・一メートル。野外に建つ塔では日本で一番低い五重塔、元興寺の小塔の三倍ほどしかないですからね。

それにしては柱が太くて短い。この塔の高さにしては太いです。

もしこれを、法隆寺の五重塔と同じぐらいに拡大したら、ごっついものになりますな。木柄《きがら》が一つひとつごっついんですね。

だからこれを大きくしたらほんとにズドーンというような感じになっちゃいます。

こういう小さい物を造るのに、私たちが気をつけることがあります。

これは京都の醍醐寺の五重塔に似ていますかね。仮に醍醐寺を例にして、あの五重塔をそのままこのサイズに縮小して建てたならば、寂しくなっちゃうんです。ですから、小さい建物は木柄をちょっと大きくするんです。

薬師寺の金堂などの模型を造った時は、ちょっと肘木《ひじき》でも何でも大きくしておくんです。気分程度ですが。寸法通りぴったりだと出来上がった姿が寂しい。

小さいモノは大きめにしておく。この塔を普通の木割りで造ったとしたら、見られないでしょうね。だから、これをやった棟梁は優れた人だと思いますね。そこらを理解した上でちょっと柱や木柄を大きくしたんでしょう。

屋根が檜皮ですね。檜の皮を重ねて葺いたものです。ですから瓦の屋根とは全く曲線が違います。感触も。

軒の厚さがあるから、横の線がずうっと五つ連なって、独特の姿です。動き出すような運動を伴うというよりは静かに重なっている感じです。ほぼ同じ大きさですからな。

でもこれは瓦ではできない。瓦にしたら、重くてこうはならないし、瓦には瓦の制限があります。平安時代の塔というような感じがしませんが、平地の瓦の塔と一緒に考えたらいかんのですな。

山の中の急斜面に建てられた杉木立の中で、一番美しい形を考えたんでしょう。ですから、この塔はこの塔なんです。これは威厳のため、遠くから目立つとかいう普通の塔と同じく思ったら違いますな。

部材の組み合わせでも違うんですな。

軒の根元、壁から持ち上がっている支輪《しりん》がありますでしょ。支輪の幅は、普通は垂木と合わ

この五重塔には、小さいがゆえのさまざまな工夫が凝らしてある。例えば、初重の柱や垂木を太くし、小さくても貧相に見えないように造ってある

せるんです。垂木も全体的に太いですね。それに比べて桁が細くなっています。この棟梁はさまざま試行錯誤したと思いますね。木柄をどのくらいの大きさにするか。慣例に合わせるか、新しい形を取り入れるか、と考えたんでしょう。そして、垂木の太さはこの寸法を選んだんでしょう。

これが、垂木が細かったら見られないでしょう。なよっとしたものになっちゃうでしょうね。いまの木割り通りだったら駄目でしょう。

今、建築をしている人や、木割りとか何か勉強した人だったら、この塔は造れないでしょう。バランスがこう上手くいかなかったと思います。教わったとおりにやったら、木柄が細くなります。垂木が細かったら貧相で、ほんとにミニチュアになっちゃうんです。

これだけ太くしたっていうのは凄いことです。斗《ます》で比べたら、普通は六支掛けといって肘木一つに対して垂木が六本載る幅なんです。ところが垂木が太いから三、四本です。

しかし、そういう決まり事がこの頃はなかったろうから、建てられたんでしょう。今の人だったら、「ルールを知らない」と言うだろうし、やってもこれだけ極端に太くはできない。

棟梁に才能があったんですな。悩んで決断した棟梁の姿が思い浮かぶ建物です。

ここに来たら、みなさん考えますよ。「どうしてこういう山のなかに、この大きさの五重塔を建てたのか」と。

私は、単純に五重塔が欲しいと思ったんだと思いますね。塔であれば大きさは言わなかったんじゃないでしょうか。もうひとつは平らなところがなかった。この急峻さでは、材木でも運ぶのが困難だったろうと思います。

金堂も本堂も大きかったですな。

そうしたら、一番先にこの五重塔を造ったんかもしれませんな。一番先だったらわかります。これを建てて、小さな住居に住み、修行していたのかもしれません。

そうですか。やっぱりこれが一番古い。そうじゃないと、他の大きさに見合ったものを造るでしょう。

まずは塔が欲しかったんですな。一番最初にまず五重塔を。その思いが込められて造られた塔なんですね。

自然の中に

金堂も狭いところに建っているため、石垣を築き、懸崖《けんがい》造りになってますな。正面・側面とも五間《ごま》の寄せ棟造り、屋根はこけら葺きのがっしりした建物です。太い柱、太い垂木、大斗、肘木、蟇股《かえるまた》、虹梁《こうりよう》いずれも強さを感じさせます。

この威圧的な杉の林の中に建てるとなるとやっぱり考えます。周囲に負けないように、周囲の景観を壊さぬようにと。

この山は厳しさ、厳粛、静寂さが漂ってます。

こうした中で、軽い屋根や建物を、とは思わないでしょうな。もしそうしたなら、浮いちゃうような感じになります。

平地の建物とは違います。建造物は、その場所、その場所で考えます。

口伝に『四神《しじん》相応の地を選べ』というのがあると話をしましたな。それは北に山、南に沼沢、東に清流、西に広い道を、というものでしたが、それ以外にその周りの風景をよく見て建物を造れという意味も含まれていると思うんです。場所、気候、風土に似合ったモノを造れと。単に山とか川とか道だけじゃなくてね。風景が一番綺麗に生かされ、風景の中で建物が生かされることです。

それにしてもこの山は異様な迫力ですね。すぐ後ろに大木があって。しかし、これがなかったら寂しいでしょうな。こうしたものがあるからどの建物も威厳を持ち、宗教の対象になるし、心を落ち着かせ、自らを振り返る機会を生み出す。

金堂でも柱が太くて真っ直ぐ、斗の大きさも含めて柔らかみがないですな。肘木でも堅い線のまんまで。建物全体に堅く、ごついって感じです。

こけら葺き屋根の金堂。平安前期の建築で国宝だが、最前列の一間は江戸期の増築。街中の寺と山中の寺の違いがどこにあるのかを、感じ取りたい

屋根は反りが激しいですね。

宗教心の強さを表すとこういうふうに強く出るんですね。この険しい山に置くにはそういう調和が必要なんです。柔らかいんじゃ駄目でしょう。

これが山が緩やかだったら、こういうふうにはしないかもしれませんけど。この山の急斜面、そこに茂る原生の森。こういう自然の中の建物だとこういうふうに考えるでしょうね。屋根でも、これはこけら屋根ですから柔らかくもきつくも出来ます。それでもこの屋根の姿を選んでるんです。

これだけ強い傾斜なのに、緩い屋根だと周囲に負けます。

がっしり見えるのは柱が太いし、全体的に太いから。無骨に見えるけれども、それも美しさです。柔らかさを求めない建物もあるんです。それを決めたのも、やっぱりここの棟梁でしょう。

建物を、姿や様式、部材を個別に判断するんじゃなく、風景の中で建物を見ることも大事ですな。

室生寺の建物を見ると、奈良の都に建てられた瓦屋根の豪華な建築に対抗して、自然回帰を唱える、原理的な意志を感じます。

檜皮葺き・こけら葺き

ここの五重塔は、創建当時は「板葺き」、その後に「こけら葺き」、そして今は「檜皮葺《ひわだ》き」になっています。板葺きでは、まあ姿がまるで違っていたと思いますが、それでも五重塔を持つということを誇りにしてたんでしょう。

檜皮葺きというのはヒノキの樹皮を剝がして使います。それもきちんとした檜皮は樹齢が七十年、八十年の木から剝ぎます。もちろん生きた木から剝ぎますので、内皮（甘皮）を傷つけずに剝ぐ専門家の仕事です。それも、一度目の樹皮は商品としては使えないんです。一度剝いで再生したものが大事なんです。切り倒した木や余り質の良くない檜皮も無駄にしない。軒や見えないところに使いますね。それほど大事な品です。剝いだ皮を一定の大きさにして数枚重ねて特殊な檜皮包丁の先で叩き、止めていきます。それが下拵えですな。

それらを屋根の上に運び、竹釘で打ち付けていくのです。現在日本の建造物で一番高価な屋根が檜皮葺きです。仕上げは手斧《ちょうな》です。よく研ぎあげた手斧で形を整えていくのです。

自在に曲線を出し、軒先の厚みや柔らかさを決めるのは檜皮葺きの仕事です。

室生寺金堂はこけら葺きです。

こけらは杉や椹《さわら》、栗などの木を薄く割ったものです。一枚の厚さを四、五ミリほどに割った物を屋根の上に葺き代といって重ね合わせる部分をつくりながら打ち付けていきます。素直に割れる、それでいて目の込んだ天然杉や椹を、こけらの寸法、多くは八寸（二十四センチ）に玉切りします。軒付け用などは厚さも長さも違います。玉切りしたものを鉈で蜜柑割りします。大割といいますな。そこから片柾《かたまさ》という割り方が多いようですが、一寸二分（三・六センチ）厚の板をつくります。木の質を見抜いた者でないとなかなか同じようには割れません。これを更に八等分します。

片柾ですので、こけらの幅はさまざまです。この幅が違うことが屋根を葺くのにいいんですね。やはり止めるのは竹釘です。

こけらも檜皮と同じように日本的な柔らかな曲線をつくることが出来ます。瓦は箕甲《みのこう》という微妙な曲面を葺くのには、それに合わせて瓦をつくらなければなりませんが、檜皮やこけらは自由に処理が出来ます。それに瓦は凍てついて割れることがあり、寒い地方では被害が出やすいので、檜皮やこけらを使ったものでした。

それにしてもこうした素材の屋根がつくり出す屋根の美しさは、瓦の重さに比べてずっと軽いこともあり、独特のものがあります。

屋根の素材による曲線や反り、箕甲処理、軒のこだわり、棟の造り方などを見るのも古建築のおもしろさのひとつです。

瓦を「波」に例えることが多いですが、こけらや檜皮はゆったりした丘や山並みに例えられるかも知れません。

第五章

北部地域

秋篠寺
長弓寺

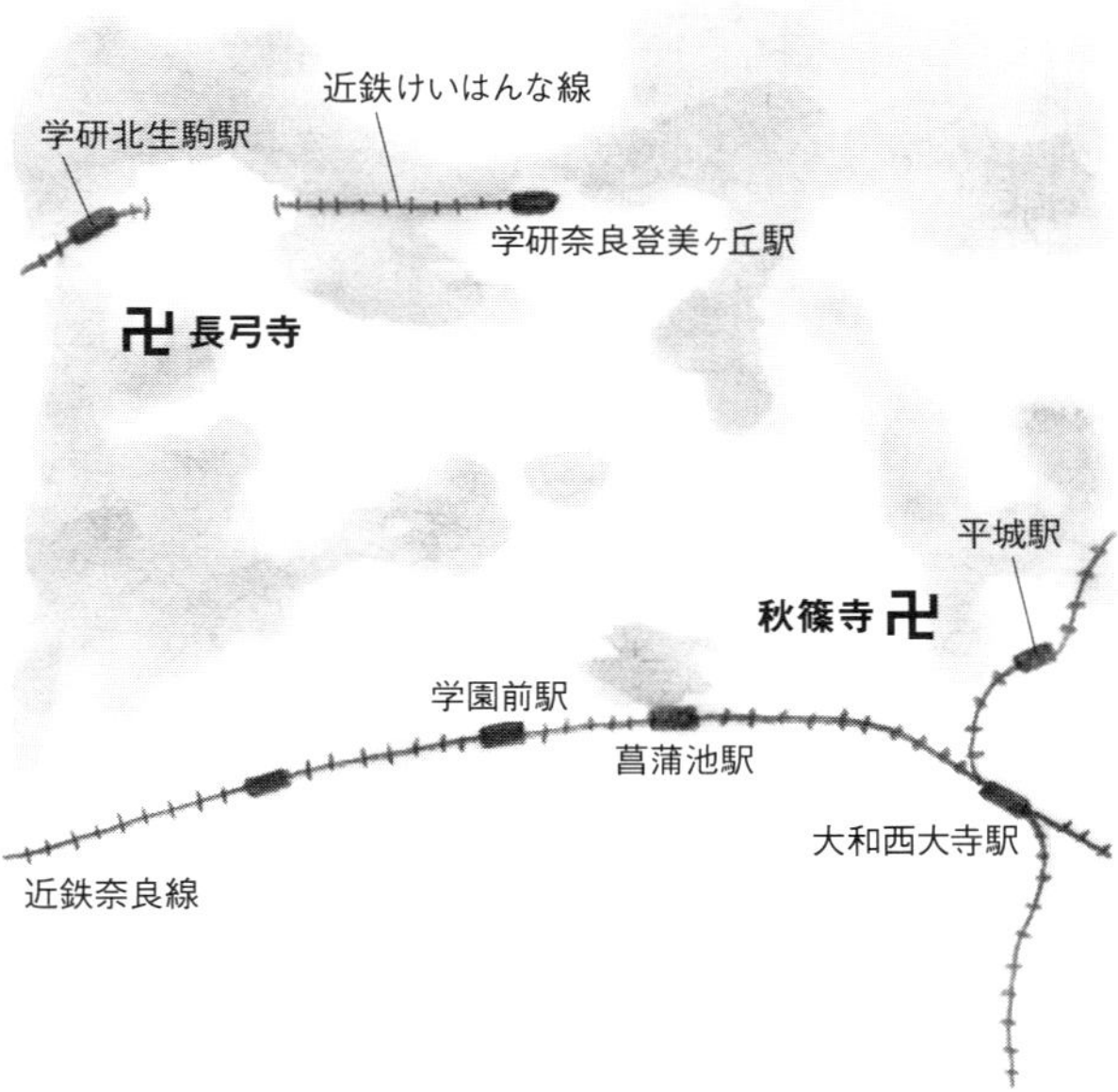
近鉄けいはんな線
学研北生駒駅
学研奈良登美ヶ丘駅
長弓寺
平城駅
秋篠寺
学園前駅
菖蒲池駅
大和西大寺駅
近鉄奈良線

11
秋篠寺
あきしのでら

国宝・本堂
重文・帝釈天立像、薬師如来坐像、日光・月光菩薩立像、地蔵菩薩立像、伎芸天立像、大元帥明王立像

本堂と仏像の佇まいがぴたりと合う

奈良時代末期の宝亀七（七七六）年に光仁天皇の勅願により、僧正善珠《ぜんじゅ》大徳が開基した。伽藍造営は桓武天皇の勅旨に引き継がれ、平安遷都とほぼ同時に完成したという。東西二塔を備えた大寺院で、創建当初は法相宗であったが、その後は真言密教の道場として隆盛を極めた。しかし、一一三五年に兵火に遭い主要伽藍のほとんどを焼失した。

鎌倉時代に焼け残った講堂の大修理を行い、これを焼失した金堂に代わって本堂としている。鎌倉建築ではあるが、天平の様式を随所に受け継いでおり、国宝にも指定されてい

る。

明治の廃仏毀釈では本堂以外の大半の堂宇が破壊されるという悲惨極まる被害を受けた。境内には美しく苔むした庭や林が広がっているが、それらはかつての伽藍跡で、林中には今なお往時の礎石が点在している。

境内の香水閣《こうずいかく》からは名水が湧き、明治維新まではこの井戸で汲まれた水が正月の宮中行事・御修法《みしほ》などに使われたという。

仏像は名品揃いで、特に重文の「伎芸天」が名高い。頭部が天平時代の乾漆造りで、胴体は鎌倉時代の寄木造りとなっている。密教の経典によれば、「大自在天の髪際から化生せられた天女で、衆生の吉祥と芸能を主宰し、諸伎諸芸の祈願を納受したまう」とある。他にはまったく例を見ない日本唯一の伎芸天像である。

所在地・アクセス
奈良市秋篠町七五七
近鉄大和西大寺駅より押熊行きバスにて「秋篠寺」下車すぐ

秋篠寺本堂はかつての講堂を改築した。本堂と金堂の大きな違いは、
金堂は人が中には入れないが、本堂は中に入って拝むことができる

鎌倉の技術で天平の趣

いい場所にありますね。

白壁と格子の使い方がシンプルです。すっと立った太い丸柱に小さく見える斗《ます》を乗せ、組み物は平三斗《ひらみつと》、それに間斗束《けんとづか》。軒の緩やかな反りの下に直線がうまく配置されていて清楚な感じがします。寄せ棟の大棟は高くしないんですね。奈良時代型のいい穏やかな屋根です。大棟も降《くだ》り棟もゆったりしてますな。

京都にはこういうのは少ないですね。いかにも奈良の古建築です。創建は天平だったらしいんですが、火災にあって、鎌倉時代に入ってからの再建が今の建物ですか。天平時代の明り取りとか、格子の使い方など、昔の形を残していますね。天平の外観を残していますよ。鎌倉の技術で天平の趣を残したんですね。

不思議なのは、鎌倉期に、創建当時のような形に復元するっていうことです。奈良のものだったら奈良風に、鎌倉だったら鎌倉風にしそうなものだけれどね。

奈良の建物は、再建でも創建当時のように元に戻すという意志が強いですね。仕事を請け負

秋篠寺の名物とも言える美しい苔庭。だが、かつてここには苔はなく、大伽藍が建ち並んでいた。今でも所々に、創建時の礎石を見ることが出来る

う大工の力が凄かったというのもあります。

元に戻すというのは、力も、技も、知恵もいります。

まずは奈良の建物や工人の考え方を理解できなくては、ただの真似になってしまって、結局は下品になる。それか自信なげになぞるだけに陥ってしまうものです。それがないんですね。今から考えれば時代が近いとはいえ、五百年もの時間が経っているんですから。

きっとそういう奈良の仕事を継いできた大工がいたんでしょう。

宗教的に禅とか、そういった新しい、まったく別のものが入らない限りは形を維持しようという力が強かったのかもしれませんね。

禅のお寺とかお堂は、どんどん屋根の傾斜がきつくなります。そういった時代の流れの煽りを受

けることなく、鎌倉の技術を使ってやっているんです。唐招提寺に感じが似ているところがあります。格子を使うのも上手いですね。

飛檐垂木《ひえんだるき》は僅かだけカーブさしてあります。唐招提寺に似ていますね。全然威張った感じはないですね。ほんとに。優しいですね。元の形は、唐招提寺のように一間が吹き放しになっていたそうだけど、その姿も見たかったですね。

内部は土間で、いいですねえ。

庇部分は地垂木が並び裏に白板が張ってある化粧屋根裏。

仏様が須弥壇《しゅみ》に並ぶ母屋《もや》は大きな虹梁《こうりよう》と組天井。素朴な鎌倉味の技ですね。

構造的に考えています。ふつうは貫《ぬき》の尻を柱の外に出さないですよ。虹梁の尻も。それがどんと柱を突き抜けて出してある。簡潔さのなかに強さもあります。

仏さんと、お堂の形というのは関係あると思うんですが、なかなか合っているのは少ないんです。ここは仏さんとお堂の形が合ってますね。佇まいが合ってるんですね。仏さんの祀り方と堂の中に入っての雰囲気がとってもここはいい。ぴったり合ってる。

今まで大概お堂だけで、なんとなく落ちつかない気分にさせられていたんですが、ここは何ともいえん良い雰囲気が漂ってます。

伎芸天像は必見

火災のときに大きい仏像は救出できなくて、頭部だけ救出したものもあるそうです。伎芸天像もそうでした。頭部は天平時代のままで、首から下は鎌倉時代に入ってから改めて補われたんだそうですが、まったく一体の仏像として、違和感がないですな。とってもいいですな。

創建当時の感じを残した建物を再建した大工の技。仏像もそうです。天平の仏像の頭部に鎌倉の体ですが、素晴らしい技術で補ってくれていますね。鎌倉の人がすばらしかったんでしょうな。この頭部を見てこの形を思い浮かべることが出来て、それを造り上げる力があったんです。

文化財の仕事をするときでも、私たちは復元修理するなら、当時のものと同じものを造れる能力がなかったら、やってはいけないと思っているんです。そうでなければ、失礼です。それほど後の時代の修理というのは難しいものです。

ここを見ると、鎌倉の工人も仏師も相当な力のある人たちだったと思います。伎芸天像の胴をつくった人は、この頭部を同じようにつくる力の持ち主です。ほんとに凄い。いいですなあ。技だけでなく、すぐれた感受性がないとこうはいかない。

良い建築は、みな後の補強が上手いんです。古建築を見るときには、解説に書かれた年代をそのまま鵜呑みにせず、創立時の感覚を感じ取り、それを受け継ぎ補修・建て直しした後の時代の仕事というのを見分けながら、その合作としての建物を素直に感じとられるといいですな。

12

長弓寺

ちょうきゅうじ

国宝・本堂
重文・黒漆厨子、本尊十一面観音立像

鎌倉の名刀を思わせる見事な建築

寺の由来はこの地の豪族の悲劇から始まっている。

神亀五（七二八）年、小野真弓長弓と養子の長麿が若年の聖武天皇に従ってこのあたりで狩猟をした時のこと、森より一羽の怪鳥が飛び立ったのを見て、親子でこれを追っていたが、誤って親子相うちになった、あるいは養子長麿が父真弓を誤射して殺してしまったという出来事があった。

この事件をとても悲しんだ聖武天皇は、行基に命じてこの場所に御堂を建て、十一面観

音を祀って菩提を弔うと共に、自らも仏教に帰依し、この寺を深く信仰したという。

その後、藤原氏による普請、堀河天皇による修理などが行われたが、平安末期に火災で主要伽藍を焼失した。

弘安二（一二七九）年には現本堂（国宝）が建立された。しかし、蒙古の来襲で寄進が思うように集まらず、約六十年間も素屋根で過ごしたとの記録もある。

その後、応仁の乱で山名宗全による破壊、織田信長による寺領の没収、明治の廃仏毀釈と度重なる災難に遭い、衰退の一途をたどった。

昭和十年に大解体修理を受け、鎌倉期の建築であることが初めて確認され、国宝の指定を受けた。

所在地・アクセス

生駒市上町四四四六番

近鉄学園前駅北口六番バス乗り場より「真弓一丁目・北大和五丁目行き」乗車 ↓「真弓四丁目」下車、徒歩五分

近鉄富雄駅東出口二番バス乗り場より乗車↓「生駒上町」下車、徒歩五分

長弓寺は国宝だが訪れる人は少なく、休日もひっそりとしている。
だがこの寺こそは、著者が最大級の賛辞を贈る、必見の名刹である

森を背にした日本刀の美

いやいや綺麗ですね。これは鎌倉ですな。

裏の森を背景に、いい屋根ですな。

西岡棟梁が尾道の浄土寺に行った時に、ちょっと見て、「これは奈良から来た大工さんですね」って言ったっていうんです。それはこういう建て方なんです。なんというか全体的に、姿を整えるんです。地面にはったようにしっかりしていて、屋根はのろく、ゆったりとしています。穏やかです。綺麗だと思いますね。

これが地方に行くと、柱の長い、屋根が威張ったようなものじゃないと受け入れられないんです。家を目立たせたがるというのか。そういうのが違うんです。

控え目で落ち着いている。堂の中に入っても変わらないと思います。

軒を支えるのに肘木《ひじき》にしても斗にしても全体にしっとりとしています。

隅木《すみぎ》の太さなんかでも、凄く控え目にしていますね。大丈夫かと思うぐらい華奢です。でも細すぎない。柱の上もすっきりしています。頭貫《かしらぬき》の木鼻《きばな》も端正ですな。

この時代は「桔木《はねぎ》」という軒を持ち上げる技術が入っているでしょうが、目立たぬ隅木であの深い隅の軒を支えているのも美しいですね。決して力が入ったというところを見せない。すっきりと延びて、屋根を軽くしています。瓦ではこうはいきません。檜皮《ひわだ》屋根の美しさです。

この頃の建物は洗練されていますな。

西岡棟梁から独立するときに、私は「鎌倉みたいな時代のものをもうちょっと勉強したい」って言ったんです。飛鳥、白鳳の建物は西岡棟梁がいますから、他の建物、特に鎌倉時代のものを学びたかったんです。

建物の線の持って行き方が、飛鳥や白鳳のものとは全然違います。やっぱり日本刀に似るんです。鎌倉の刀は素晴らしい。建物でもそれに似たものがあるんです。

ここは正面、桁行きが五間。両脇の格子の入った間が少し狭く、他は同じ広さですね。それで側面、梁行きが正面より長い六間です。

正面の姿や屋根のつくる線もいいけど、東の側面から見た線もいいですな。破風《はふ》もいい。余分な飾りがなくて、しっかり組み立てられています。大棟からの線と妻側の線が重なり合って、すっと軒先に抜けてるんですね。こういうふうに上手く持ってこなくちゃ駄目なんです。見事なお手本です。

この建物全体の、線の持って行き方がすばらしい。

屋根の箕甲《みのこう》という端のカーブの線が柔らかい。そこから軒に出るわずかな曲面のつくる線も見事ですな。

全く段差も何もない。軒もすっと伸びて、すっと持ち上げてるように見えます。軒反りも真ん中だって水平じゃないんです。真っ直ぐに見せて、ほんの少し反らしてあります。

これなんかは鎌倉の名刀、それが形に表れているような気がします。研ぎ澄ました刃物がつくる線です。そうでなかったら、こういう線は出せないんです。

垂木《たるき》だって軽く見えますな。綺麗に。

下から垂木が完全に見えるんですよ。普通は屋根が被っているんですが、そうじゃない。軒がその分、少し反転しているんですね。垂木の形がすごく綺麗でリズムがあって、美しく見える。この屋根は凄い。良い屋根やな。上手いねえ。

軒付けの厚さ加減で、柔らかみをうみ出して形がいいですねえ。檜皮という屋根素材が持つ特性を充分に生かしている。これを葺いた屋根屋さんは凄いセンスと技を持った人です。

側面も凝ってますね。南の二間が盲格子の入った桟唐戸《さんからど》、三間目が上三分の一が連子格子で下が細かな組み格子、後ろ三間は上が連子格子で下が白い板壁。それでよく見ると二間は小さな引き違い戸です。

鎌倉期の建物には、連子格子と、組み格子が目立ちますね。やっぱりこの頃のデザインで、

本堂を側面から見る。美しい屋根の線が際立っているが、誰も気づかない細部に至るまで気を遣い、手間をかけてある。その心遣いが美を生むのだ

線が細いんですね。奈良時代とは同じ連子格子でもまるで違う使い方です。

それまではみんな木柄が太くて力強さはあったんですが、言い方は悪いですが爺むさいところがあるんです。それが奈良の建築なんです。しかし、相当の大工さんたちがいたんでしょう。そういう伝統を引き継ぎながら、軽く、線の美しさを考えて、こういうものを作り出したんです。

長弓寺は、鎌倉の名刀に匹敵するようなもんだと思いますな。

この縁の下の束を見てください。ゆるく傾斜させてあるんですね。地面の傾斜をそのまま生かして造ってあるんです。亀腹《かめばら》も正面に向かって厚さが違うんです。奥が厚く、次第に薄くしてある。束の長さもそうです。排水のことも考えてあるんでしょう。

今だったら地面を均してしまいます。そういうことをしないんですね。地の利をちゃんと活かして、誰も気づかないかも知れないのに、細部に気を遣い、手間をかけてあります。そういう心遣いが、美を生むんですね。

三間渡しの大虹梁

なかに入らせてもらいましょう。

本堂内部を拝観希望の際には、寺務所に申し出ると案内してもらえる。堂内に電灯はなく、昔さながら蠟燭の灯がともる中での拝観は雰囲気満点だ

ここは明かりがないんですね。蠟燭で案内してもらうんです。これもいいですねえ。

ここも外陣《げじん》が広いですな。五間の三間あります。

それにしても柱なしの空間を作ろうとしたのでしょう。三間渡しの大虹梁は凄いですなあ。どんと渡されてます。太く、がっしり。大胆な発想、処理ですが、それが中に入った人に重く感じないように、軽く受けてますね。

この皿斗《さらと》つきの柱は後のものですね。虹梁が持たないと思って入れられたんですね。惜しいですね。綺麗な虹梁の線を切らなくてもいい気がします。なくても持つと思いますがね。

前、両脇の庇部分は垂木の裏に白塗りの板を張った化粧屋根裏です。

いやいや。良いものを見せていただきました。余り人が訪れないようですが、いい建物でした。

これは感心しましたなあ。それにしても凄い大工です、これを造った人は。

いま、お寺さんから聞いたところによると、解体修理のときに屋根裏から銘の入った板が出てきて、それで鎌倉の建築だと確認されて国宝に指定されたんだそうです。そして、驚いたことにその板にはつくった大工の名前が入っていたというんですね。

「長弓寺棟上　弘安二年己卯二月廿五日　大工　狛宗元」

これは大工として名前の確認された、日本最古の人になるそうです。もう想像するしかありませんが、おそらく渡来系で、飛鳥や奈良の時代から鎌倉まで代々ずっと大工技術を受け継いできた家系の人なんじゃないか、自分はそう思いますな。


法隆寺からはじまって、長弓寺まで時系列に並べたわけではなかったんですが、大陸から入ってきた文化を日本人がどう受け止め、日本の風土に溶け込ませ、自分たちの美を追究してきたかの一端を垣間見た気がしますな。

お疲れ様でした。お付き合いありがとうございます。

小川三夫（おがわ みつお）

昭和22（1947）年、栃木県生まれ。高校生のとき修学旅行で法隆寺を見て感激し、宮大工を志す。21歳で法隆寺最後の宮大工・西岡常一棟梁に入門、唯一の内弟子となる。薬師寺金堂、西塔の再建では副棟梁を務める。昭和52年、鵤工舎を設立し、独自の徒弟制度で数多くの弟子を育て上げる。平成15年「現代の名工」に選出。平成19年に現役を引退。著書に『棟梁』（文藝春秋刊）など。

文春新書

762

宮大工《みやだいく》と歩《ある》く奈良《なら》の古寺《こじ》

2010年7月20日　第1刷発行
2020年1月25日　第7刷発行

著　者　　小川三夫
聞き書き　塩野米松
発行者　　大松芳男
発行所　株式会社　文藝春秋

〒102-8008　東京都千代田区紀尾井町3-23
電話（03）3265-1211（代表）

印刷所　理想社
付物印刷　大日本印刷
製本所　大口製本

定価はカバーに表示してあります。
万一、落丁・乱丁の場合は小社製作部宛お送り下さい。
送料小社負担でお取替え致します。

ISBN978-4-16-660762-4